U1076076

明清中国画大师研究丛书·第二辑

髡残

周积寅／主编
薛锋 薛翔／著

四川美术出版社

图书在版编目（CIP）数据

明清中国画大师研究丛书. 第二辑. 髡残 / 周积寅主编. -- 成都 : 四川美术出版社, 2019.12
ISBN 978-7-5410-9242-8

Ⅰ. ①明… Ⅱ. ①周… Ⅲ. ①中国画—画家—人物研究—中国—明清时代②石溪(（612-1692）—人物研究Ⅳ. ①K825.72

中国版本图书馆CIP数据核字(2020)第074143号

MIN-GQING ZHONGGUOHUA DASHI YANJIU CONGSHU DI-ER JI
明清中国画大师研究丛书·第二辑
髡残
KUN CAN
周积寅/主编
薛锋　薛翔/著

出品人	马晓峰
责任编辑	陈　荣　陈　晶
助理编辑	吉　丽
责任印制	黎　伟
责任校对	陈　玲　田倩宇
出版发行	四川美术出版社
地　址	成都市锦江区金石路239号
成品尺寸	145mm × 210mm
印　张	5.25
字　数	110千
图　幅	45幅
制　作	成都华桐美术设计有限公司
印　刷	成都市金雅迪彩色印刷有限公司
版　次	2019年12月第1版
印　次	2019年12月第1次印刷
书　号	ISBN 978-7-5410-9242-8
定　价	38.00元

■ 著作权版权所有 · 违者必究

序言

中国画有着悠久的历史，千载而下名家辈出，他们留下浩瀚的作品和丰富的画学理论，是中华文化极其珍贵的遗产，很值得我们学习和研究。

20世纪20年代至50年代，美术史论家们往往为了教学上的需要，编写出版了不少中国美术史、绘画史著作。但相对来说，关于画家的专题研究甚微。20世纪50年代起，上海人民美术出版社组织了一批美术史论家撰写出版了一套六十余种的“中国画家丛书”小册子，这虽是一种通俗读物，却颇受读者欢迎，可惜未能出齐就中止了。真正为一些美术史论家所重视，对画家做深入的专题研究是从20世纪60年代开始的，但时隔不久，遇上了“文化大革命”，研究中断。20世纪80年代以后，对中国画家特别是对近现代中国画家虚谷、赵之谦、任伯年、吴昌硕、齐白石、徐悲鸿、刘海粟、张大千、潘天寿、李可染、陈之佛、钱松喦等人的研究，取得了十分可喜的收获。

为弘扬中华文化，促进中外文化交流，研究中国古代画家无疑是当今美术史论家的一项重要课题。感谢四川美术出版社的厚爱，委托我组织编写一套“明清中国画大师研究丛书”。经商定，我们选择了明清两朝最具代表性的十六位画家——戴进、沈周、文徵明、唐寅、陈淳、徐渭、董其昌、陈洪绶、弘仁、髡残、龚贤、八大山人、王石谷、恽寿平、石涛、郑板桥作为研究专题。当然，从研究明清绘画发展史的角度来看，明代的王履、王绂、夏昶、林良、吕纪、吴伟、仇英、曾鲸，清代的王时敏、萧云从、王鉴，王原祁、吴历、高其佩、袁江、金农、邹一桂等人，也具有非常重要的地位，但由于时间原因，我们暂且只能割爱了。

我们之所以选择明清这十六位画家作为研究对象，是因为在中国绘画发展史的长河中，他们生活的时代距我们最近，并都是蜚声海外的名家、大师。他们的艺术成就承先启后，代表了明清绘画的最高水平，他们存世的实物资料和文献资料最丰富，对近现代画家的影响也最大。

明清已是中国封建社会的后期，这期间开始的资本主义萌芽得到了缓慢发展，其社会经济、政治与思想文化的发展变化直接影响着中国画的起伏、消长及其承传、变异。这些大师绝大多数活跃在全国经济中心——江南的江苏、浙江一带，是那个时代继往开来的艺术探索者和革新家。虽然，他们有着不同的生活经历、继承关系、美学思想、创作方法和艺术成就，但他们凭着自己的聪明才智与刻苦勤奋，从先贤优秀文化传统中汲取营养，从不同角度和层面，在不平坦的艺术道路上，为开创各自的艺术新风，攀登时代的艺术高峰而奉献了自己的一生。学者甚众，分别形成各种画派，其画家与画派之多，为中国画的发展做出了不可磨灭的贡献。

这套丛书的撰写，大致采用以下几种体例。（一）生平事迹。反映画家成长的全过程，揭示其完整的艺术生活道路以及所处的时代背景、社会氛围等。（二）艺术成就及其在中国美术史中的地位和作用。着重对画家的艺术思想、师承关系、技法特点、艺术风格以及影响等方面进行全面、系统、充分的研究与评价，科学、客观地评估画家的历史地位与作用，同时指出其局限性。（三）彩色图片若干幅，黑白插图视文字需要而定。（四）附录。以艺术经历为主的年表；书画作品目录；画论、书论、文论辑要；题画录；诸家评论辑要；参考文献（画家著述目及他人著述目）。

参加本书撰写的各位先生，是一批颇有成就的老、中、青美术史论家、美学家，感谢他们的合作。他们在各自的工作岗位上都很繁忙，能在一年之内挤出时间完成这一研究课题，是十分辛苦的。

我们的统稿原则是在诸家商议的大框架之下，充分尊重每位作者的研究方法、创见、成果。

编辑这套丛书，是一项意义深远的文化工程，限于水平，恐有不妥之处，敬请专家、读者提出宝贵的建议和批评。

周积寅

目录

第一章　髡残所处的时代 1

第二章　髡残的生平 4

第一节　髡残的生平及其思想 4

第二节　髡残的交游 16

第三章　髡残的绘画成就及其影响 23

第一节　绘画成就 23

第二节　髡残绘画艺术与有关诸家之比较 32

第三节　髡残代表作品鉴赏 49

第四节　髡残论画辑要 69

第五节　画史上的四称谓 73

第六节　髡残绘画艺术对后世之影响 83

附录一　诸家评述辑要 89

附录二　髡残传世作品题识汇编 96

一、简　叙 96

二、内　容 99

不纪年作品 122

附录三　髡残年谱 127

附录四　参考书目 145

第一章 髡残所处的时代

髡残处于明清更代的一个特殊时期，多数学者、专家认为他生于明万历四十年（1612），卒于清康熙十二年（1673）。尽管关于他的生卒年，历来说法不一，但现经多方资料互证，其生卒年之确定是可靠的。本书在后章“髡残的生平及其思想”中再详述。

髡残的青少年时代，正处于明代衰败崩溃之时，国内阶级矛盾与民族矛盾极其尖锐和复杂。崇祯十七年甲申（1644）三月，李自成起义军攻占北京，崇祯皇帝于煤山自缢。时吴三桂又引清兵入关，多尔衮辅福临乘机定都北京，建立了清王朝，改年号为顺治。接着，清兵南下，造成了《扬州十日记》以及《嘉定屠城纪略》等记载的历史大悲剧。兵祸所至，其杀戮之惨，令人神惊魂悸。然而，汉族人民和明朝旧政权的抗清斗争，仍然此起彼伏，就在这乱世之时，清朝统治者为进一步巩固其政权，采取了礼遇儒臣文士、重视汉文化教育的政策，从渊源深厚的汉文化传统和儒家经典中汲取治国之道。但在汉族的文人士大夫中仍有一批誓不与清廷合作的遗民，髡残就是其中之一。他们或时追往事，或隐遁山林，或笑傲云烟，或礼佛求禅，或寄情书画。因此，在汉族文人中，又形成了众多的遗民画家，髡残亦列其中。社会上敬重遗民，视遗民画为最高品格，名为“逸品”。遗民画家中多数人早在明亡前就从事艺术活动，由于明清易代，反抗无能，故冷眼视世，出离尘世，身入佛门，论画谈禅，多写抒发“忧愤念乱”之作，髡残即属于此。

到康熙初年，公元1662年以后，随着明末诸王抵抗势力的相继失败、三藩的平削，社会由战乱趋向安定，生产得到恢复和发展。为缓和民族矛盾，进一步巩固统治，清王朝承绪明制，加速汉化，对汉族旧官僚文人，分化笼络。同时，清王朝又加强对各民族经济、文化上的联系，可谓步入盛世矣。

在这大动乱后的大治大潮中，文人画成为清代绘画发展中的主流。文人画家又以山水画为主流，山水画坛流派纷呈，取得了前所未有的成就。其中髡残、石涛、弘仁、八大山人以及担当、雪庄、半山等人皆遁迹空门，而戴本孝、梅清、程邃等亦对佛道十分向往，故在中国绘画史上，他们创造并丰富了以禅入画的文人画。其时，有了“二石”“二溪”“四大画僧”之称，“四王、吴恽”之称，以及就其艺术思想、艺术风格、师承地域等关系，还出现了新安、松江、华亭、姑熟、娄东、虞山、江西等各派以及“金陵八家”等，在中国画史上形成了一个万壑争流、光怪陆离的繁盛时代。

在这一时期里，“四王”承董其昌余绪，刻意摹古，精求笔墨。而“四大画僧”受元人影响，师法造化，抒写性灵，他们在艺术上绝不苟全取形，附势从俗。他们的艺术理想和论述，如古木葱茏，长青不败，其影响在中国画坛上被推为革新巨擘。

髡残也从临古入手，汲取众长，而不被传统所奴役，故他提倡“多览书史，登山穷源，方能造意……”又说：“余归天都，写溪河之胜，林木茂翳，总非前辈所作之境界耶。”以及：“拙画虽不及古人，亦不必古人可也。”这都是髡残重视个人主观感受的表达，他主张寓意于物，以变化的传统技法，创造一个可供精神自由驰骋的大千世界。

程正揆在《青溪遗稿》中说他“如龙行空，虎踞岩，草木风雷，自生变动，光怪百出”，是的，髡残的艺术创造，已获得了巨大成就，但他毕竟是在野遗民，个性耿直，又寡交游，故于史籍中很少记述。翻阅之余，不禁慨然。于是仅就现存资料，及函请著名美术史论家薛永年、胡艺、杨新等老友的帮助，匆草成书，错漏之处，尚祈方家斧正。

第二章 髡残的生平

第一节 髡残的生平及其思想

关于髡残的生平，历来记载很少，首先对于其生卒年的研究，也说法不一。现据周亮工《赖古堂集》卷六，有《寿石溪大师六十僧腊，大师与佛同日降》一诗云：

唯我独尊耳，佛生共一天。

乘风欲离去，与雨共参禅。

又在卷二十的《与张瑶星书》第五书云："六十患难中，遂自讳其六十，然六十矣，安能讳?既不能自讳，亦遂欲知已小小点缀之，亦不意遂得如许珠玉也。登之屏幛，荣宠无尽，然而忸怩甚矣。石公后我一日。弟患难中偿有句云：'却叹释迦犹未降，应知此际不慈悲。'先生咏之，应有余叹矣。"

可见髡残和周亮工是同年生的，周氏生于明万历四十年（1612）四月七日，髡残则为四月八日（释迦牟尼亦生于这一天）。再据《董若雨诗文集》中有寿髡残六十诗序，序中述：

前十年共幽栖石兄和尚小楼集话。有结伴游湘之期，今年辛亥（1671）兄一周甲子，述远怀以为寿。

由此上推，髡残生年应是1612年。还有钱澄之在《髡残石溪小传》中述：

“丁戊之间，予侨寓白下，从胡处士星卿时过长干修藏社。每予两人至，相与剧谈，出茗果留坐竟日以为常，师与予同年生。”

钱氏生于明万历四十年（1612），与髡残同年。这三人之记述，同于一年生，则髡残之生年可靠无疑矣。其卒年应在清康熙癸丑（1673）。现根据杨新《石溪卒年再考》一文中述，今故宫藏有一件髡残的《卧游图》卷，图上除自题外，尚有程正揆、宋曹、孙一致、陈舒、宋恭贻、曾必光等人的题诗和记跋，程正揆与孙一致的记跋互为参证，证出髡残在康熙十二年癸丑（1673）八月初一日以前，尚在人间。此外，施闰章《施愚山先生全集》卷二十二载《徐田东见遗石溪偃松图盖摹东坡墨本》一诗云：

于乎：石公生前好画与余善，惜我未致鹅溪绢，爱君古人一片心，但愿守此数相见。

又卷二十八载《与方邵村》书中云：“石溪和尚旧为方外交，而未索其画，今甚悔之，州来先生为贻偃松半幅，无论其画，即其意已千古矣。”

又卷三施念曾《愚山先生年谱》载：“康熙十二年癸丑，冬游金陵，有腊八绕塔……徐田东见贻石溪偃松图……诸诗。”

以上资料，均证实了髡残卒于“癸丑冬”（1673）之前，在农历八月间，享年六十二岁。

清康熙十三年（1674）至康熙二十三年（1684），在这十年里，从未见到髡残画迹。康熙二十九年庚午（1690）和康熙三十一年壬申（1692）却又有三件画迹，著录于《梦园书画录》和《三秋阁书画录》。还有在传世作品中，亦发现《青溪白云图》署款“甲寅春三月”，另《山水图》轴，署款“甲寅伏日”，以及又《山水图》轴，款署“乙丑九月过燕子矶作”。这三件作品，从笔墨技巧、书款油嫩，且非出自一人之作伪，可见石溪逝世后，随其声名远播，作品高贵，其伪品随之而行，不足怪也。

综上所述，关于髡残生平，可得：髡残（1612—1673），俗姓刘，湖广武陵（今湖南常德市）人。名髡残，字介丘，号石溪，又号白秃、茧壤、石秃、石道人、残道人、残道者、忍辱僧、忍辱仙人，电住道人、庵住道人、庵住行人，天壤残道人等。幼而失恃，有夙根奇慧，聪明好学，不读非道之书，酷爱书画，又喜读佛书。不近女色，父母强婚弗从，乃弃举子业。

据《武陵县志》载：“石溪和尚，名髡残，一字介丘，少自剪发。”

周亮工《读画录》述：“幼而失恃，便思出家，一日，其弟为置毡巾御寒，公取戴于首，览镜数四，忽举剪碎之，并剪其发，出门径去，投龙山三家庵中。”

邓显鹤在《石溪轶事》中说：“师一夕大哭不已，引刀自薙其头，血流被面。”

此外，钱澄之在《髡残石溪小传》中，叙述较详实。钱云："师武陵刘氏子，母梦僧入室而生师。稍长，自知前生是僧，出就外傅，窃喜读佛书。里有龙半庵，儒而禅者，特奇爱师。一日闻怡山愿文，正心出家，童真学道，即痛哭请诸父母求出家，不许。有来仪婚者，师大骂绝之。崇祯戊寅师年廿七岁，自念居家难以脱离，一夕大哭不已，遂引刀自剃其头，血流被面，长跪父床前谢不孝罪，父知其志坚，且业已剃，遂听从之。"

此传是钱澄之依据髡残的弟子山足兴斧为其师所作的行状而成的。再加上钱与髡残交往甚密，从这一记载说明髡残于明崇祯十一年戊寅（1638）出家为僧是可靠的。

髡残之皈依佛门，亦受同里龙人俨的影响。龙人俨，字孝若，号石蒲，一号半庵，官至汧阳知县，读书礼儒又爱佛学。髡残之毅然削发为僧，他欣喜非常，认为他此举是"大丈夫事，不可小就"。（见钱澄之《髡残石溪小传》）龙人俨曾自建佛寺一座于府东十五里的德山，这就是髡残最初出家之地。后龙人俨为使髡残开拓眼界，命他去江南云游，向各地高僧参究禅学。在髡残云游南京时，曾遇一老僧，系云栖大师剃度，两人一见投契，髡残因此也请挂云栖大师遗像，亦拈香礼拜云栖为师，那老僧替髡残取法名知杲。（见《石溪轶事》）

崇祯十七年甲申（1644）清兵南下，髡残复返武陵，曾避兵桃源（常德西有桃花源）。程正揆在《石溪小传》中述："甲申间避兵桃源深处，历数山川奇辟，树木古怪，与夫异兽珍禽，魈声鬼影，不可名状，寝处流离，或在溪涧枕石漱水，或在峦巘猿卧蛇委，或以血代饮，或以溺暖足，或藉草豕栏，或避雨虎穴，受诸苦恼凡三月。”

三个月的逃亡生活，使他吃尽苦头。程正揆在《石溪小传》中还说他“性鲠直若五石弓。寡交识，辄终日不语”。

但他与明末遗老和学者、书画家还是有往来的，时与顾炎武、钱谦益、熊开元、周亮工、龚贤、张怡、钱澄之等人均有深厚友谊。出家后，又得到高僧觉浪、继起、檗庵等人器重。此期间，从顾炎武《王徵君潢县具舟城西同楚二沙门小坐栅洪桥下》一诗中，可见髡残在南明唐王和桂王成立小朝廷与清兵对抗时，曾参加过抗清斗争，有强烈的反清思想。

清顺治十一年（1654），髡残又来到南京，最初住在城南大报恩寺内的修藏社，时与庐山僧道韶雪藏等校刊《大藏经》。当修藏主持人松影每有外出，便由髡残代理主持。最早宋太祖开宝四年（971）派遣张从信到益州（今四川成都市），据《开元录》载，花费了十二年时间，刻成了《大藏经》一千零七十六部，五千零四十八卷，史称蜀版《大藏经》。后有高丽版、海印寺板、觉院版、开元寺版、普宁寺版等，还有契丹版、西夏文版《大藏经》，北京敕版《大藏经》（史称《北藏》）、南京大报恩寺版《大藏经》（史称《南藏》）。《南藏》之出版即是由髡残与庐山僧道韶雪藏等人担任校刊的。因此，髡残在宗教界和文化界中名望日高，甚得觉浪道盛禅师和弘储禅师之关注。觉浪禅师是极负盛名的高僧，据《国朝觉浪禅师传》载云：“隆（隆庆）万（万历）之间，狮弦绝响，寿昌经祖崛起，东苑博山，左龙右凤，迭奏新丰，辉煌宇宙，洞上中兴于斯。”

曹洞宗上法系在明代日益衰微，明末经博山、寿昌崛起，后传至觉浪禅师，其坐道场说法四十年，云兴泉涌，皈依者半天下，曹洞宗又趋繁荣。其实，觉浪与弘储均有较强烈的遗民意识，所收门徒不少是不肯为清廷做事的。觉浪还曾因《原道七论》中的“明太祖”三字，被囚禁一年。弘储亦曾因在吴越一带为掩护抗清志士事泄被捕。顺治十五年（1658）髡残终于拜在觉浪禅师门下，改法名为大杲，成为曹洞宗上青系的传人。他有时住城东北栖霞寺，有时住城附近的天隆古院。后奉浪杖人之命，去牛首山祖堂主持幽栖寺。

牛首山祖堂幽栖寺，位于南京南郊，据高鹤年《名山游访记》载：“……出南城，道路宽畅，春光明媚，遥望牛首山祖堂，相对咫尺，峥嵘并峙。三十里，牛首山林木清幽，至普觉寺，虔礼辟支佛塔。历舍身岩，观音洞、文殊洞、三茅殿等胜迹……约三里许茂林修竹，即祖堂幽栖寺。”

从此，髡残就住在牛首山和祖堂山。由南京南望牛首，两峰耸立，故又称天阙山，髡残题记里的“天阙山房”即指此。牛首山之南是祖堂山，原名幽栖山，山上有幽栖寺，所谓祖堂山是指在唐代禅宗四祖道信的门徒——释法融禅师在这里修行，他这一派又叫牛头禅，称他为“牛头初祖”，故后来又改称祖堂山。

现存南京栖霞寺后院，由受戒弟子刘承谟撰的觉浪禅师墓碑文有诸山嗣法弟子二十七人，内刻“祖堂大杲”的名字，这就是髡残。

程正揆在《青溪遗稿》中述：“……削发为僧，参学诸方，皆器重之，报恩（寺）觉浪、灵岩（寺）继起两长老，尤契合有年，升堂入室，每多机缘，多不令行世。或付拂子源流俱不受。盖自证自悟，如狮子独行，不求伴侣者也。”

明清以来，佛门各派禅僧竞撰世谱、灯录，将寂后宗师，辑录其机缘法语，付版传世。因其中掺入了唯我独尊的门户之见，造成了复杂的宗教界内部派系斗争的背景。因此，对于觉浪禅师要他接受法嗣的遗命，髡残坚决不肯，后将法嗣交青原继承。他不卷入这名权之争中去，这是他淡于名利、高傲耿直的本色。

《石溪小传》里所提到的灵岩（寺）继起，就是弘储的号。他佛学深邃，有许多明季遗老，都拜他为师，他曾写信给髡残，云：“近日禅林气象，飒然如秋冬，生意不复作。皆由衲子无心胸，节烈随风而靡，一味喜人叹誉，略加针砭，便掉头不顾。如石公之宠辱不惊，始终倔强，闻见固不易得也。久悬之榻，不知何日四棱蹋地，一苇可航，正是时耳。隐禅南来，幸不吝指教，不致虚费草鞋钱也。”

由信上可见，髡残的个性倔强，宠辱不惊，不喜世俗的叹誉，这是难能可贵的。

顺治十六年（1659）髡残又辞去幽栖寺主持之职，到吴越、黄山等地云游，寻师访友，并领略大自然美妙的境界。顺治十七年（1660）八月他又离开黄山回到南京。由于大自然陶冶和丰富了他胸中的丘壑，其笔墨日益精进，绘画作品亦日渐增多。其章法、笔墨，为此一变。

髡残从黄山回来后，就长住南京长干，在祖堂幽栖寺附近，筑一茅屋，简陋之至。时南京的居士见髡残的住处极其破陋，大家出于对他的敬重，捐集资金想为他造一新屋，但被髡残婉然谢绝。在这往后的十余年中，髡残除专心修禅外，就集中精力投入书画的创作和研究。他在幽居的陋室过着深居简出的晚年生活，直至去世。

髡残之为僧，起初是自幼喜读佛书，及长又颠沛流离，厌弃世俗，纯为宗教信仰。而石涛、八大山人是身为明王朝后裔，为不满清王朝统治而出家为僧的。其次是髡残拒抗父母之强婚，以及与同里龙人俨昼夜逼拶之影响。因此，儒化了的禅宗佛学，成为髡残生活中的主导思想。其禅学思想亦主宰他的艺术观念和艺术创作。

从髡残的诗文题跋中可以看出，他已悟到佛学蕴藏有极深之智慧，及他对宇宙人生的洞察，对人类理性的反省。他的偈诗，就充分地反映出他的“空”与“识”的观念。禅学讲“空”，并非指世界本身虚妄不实，空无一物，而是“空”掉主体对客观世界的认识。如他在题画中写道，“得彼破了蒲团诀时”，就是暗示要达到顿悟，方能摆脱俗境。所谓“万物唯识”，也不是说人的意识产生了客观世界，而是对“空观”的进一步论证。它表明了人所认识的只是主体所设立的对象，意识无法完全、绝对地把握现实世界。其哲学体系是深刻的，故而面对烦恼而不悲观屈服，他要把一己之解脱与整个人类联系起来。如他自题《溪山无尽图》卷后记云：“……所谓静生动，动必作出一番事业，端教作出一个人立于天地间无愧，若忽忽不知，惰而不觉，何异于草木。”这就是儒化了的佛学遥远的人生观。

依《阅微草堂笔记》里明玉和尚的话，佛教可区分为“愚夫妇所信”与“士大夫所学”两大类，髡残属于后者，且南宗禅学，融糅儒道学为一体。儒学中的伦理道德观念，其悲世悯人的与人为善的思想，却远远超出了亲缘关系和阶级关系，而把天下的人都视同手足，而这种伦理的核心，就是儒学中的“忠”与“恕”。所谓“忠”，就是“尽已为人”。敦煌壁画中的释迦牟尼以身饲饿虎，以拯救将被吃的小虎，表现了他舍己为小生命的佛心。所谓“恕”就是“推己及人”，人与己合，以此来调整世人的关系，这就是佛学所强调的以自觉为主体的自我修行。故在此影响下，髡残就形成了“忍辱无争”的人生哲学和舍身为人的世界观，故他自号“忍辱僧”和“忍辱仙人”。他在《奇石图》册中题云：

我说我法，尔点尔头，

玲珑一片，几历春秋。

然而，世人之性格都不是单一形态的，而是复杂难测的，人存在着灵与肉、美与丑、善与恶等等，两极性张力是相互对立，又相互渗透、相互转化的矛盾剧变。髡残的参禅，旨在探讨佛学，并探求儒释道思想的贯连。禅宗自中唐以来，是我国最有势力的佛教宗派，而髡残是禅宗分五家之一的曹洞宗传人。按阿部肇一《中国禅宗史研究》述到这五家。

首先是百丈的弟子沩山灵祐（771—853）及其弟子仰山慧寂（815—891）创立了沩仰宗，其次是黄檗希运的弟子临济义玄（？—867）开创了临济宗，再有洞山良价（807—869）及其弟子曹山本寂（840—901）成立了曹洞宗，再次是雪峰义存（822—908）的弟子云门文偃（864—949）建立了云门派，法眼禅师创建了法眼宗。

而髡残继承曹洞宗，时常“坐关”。因为曹洞宗是提倡

"默照禅"的，主张心是诸佛的本觉、众生的妙灵，要静坐默究，净治揩磨，去掉一切妄念，便能清白圆明，事事无碍。髡残之为僧，不是盲目拜佛，他时常与高僧、居士论禅。中国文人如宋之苏轼、文彦博等，都主张儒佛一道，理学中之"宇宙便是吾心""心外无物"，与禅宗之"心外无物"是一致的。宋代张商英在《护法论》中认为孔子之道就是佛教的识心见性，无上菩提之道，并且主张儒是治皮肤病的，道是治血脉病的，佛是治骨髓病的，三者始终是相互贯通的。髡残之学佛参禅，亦即精通这一点。

在髡残的参禅思想中，儒家成分比重较大，尤其儒之"经世致用"的思想颇为突出。如他在《溪山无尽图》卷中题云：

大凡天地生人，宜清勤自持，不可懒惰，若当得个懒字，便是懒汉，终无用处。如出家人若懒，则佛相不得庄严而千家不能一钵也，神三教同是。残衲时住牛首山房，朝夕焚诵，稍余一刻，必登山选胜。一有所得，随笔作山水画数幅或字一两段，总之不放闲过。

可见他对生活的积极态度，在他思想中几乎没有空无寂灭。再看他在《报恩寺图》上题云：

佛不是闲汉，乃至菩萨、圣帝、明王、老、庄、孔子，亦不是闲汉，世间只因闲汉太多，以致家不治，国不治，丛林不治。易曰：天行健，君子以自强不息。

按"丛林"，是指寺院而言，又称"禅林"是取喻于僧众聚合之意。

综观髡残之题记，颇多教人勤奋之论。稍后的郑板桥亦常感慨曰："吾辈无端寒至此，富儿何物肥如许。"即受其影响，主张做人不能老死窗下，应摆脱困境，干出一番事业。髡残就是认为作画也是干一番事业，所以他的绘画艺术之成就，独标新格。

顺治十七年（1660）八月，髡残自黄山回到南京后，在幽栖寺附近结茆独居，静心修禅。他在《自为写照图》散页上题云：

余自黄山来幽栖随寓，道人出家的人何所不可，残衲过白云岭，爱其幽僻，结茆于兹，坐树流泉，纵市尘之耳目，当至此亦清清，此石道人自为写照也。

（图藏《上海博物馆》）

由于南宗禅学将佛性人性化、普遍化，使大脑成为空无，故而能提供主体心灵驰骋流荡的无限想象。髡残就是追求主体心灵在大自然中驰骋流荡。在这一期间，髡残的作品较多，其构图繁复苍雄，境界幽深，笔墨酣畅，气韵苍浑，草木华滋，魄力雄伟；而屋舍桥梁，点筑于危崖溪涧之上；行人舟楫，驰骋于奇僻山川之中，氤氲大气，变幻奇谲，引人入胜，使人感到山川之壮伟，胸襟之宽阔，正是“即此山中淹岁月，山光云影两悠悠”。

髡残在幽栖寺附近所筑破扉陋室，名为大歇堂，髡残的不少作品即出于此。居此十余年后，祖堂遭到一场火灾，佛书经像、文具器皿均化为灰烬。他非常痛心，尔后身体亦随之虚弱，这对原有风湿病、胃病严重的髡残，无异于雪上加霜。

据邓显鹤《沅湘耆旧集》卷四十三《石溪之传》云：“石溪身颀面皙，头白如雪，冬夏一秃顶，身臂少受寒湿，时作痛甚厌苦之。”

程正揆亦说他“善病苦不暇息，又不健饭。粒入口者可数也”。

康熙六年丁未（1667）髡残为野翁作《松岩楼阁图》，跋云：“……病眼昏涩，自愧多谬若此……”可见他在五十六岁时已经病眼昏涩了。

髡残喜云游，但长期坐关，可能更增加他的病痛。故他题画云：

十年兵火十年病，消尽平生种种心。老去不能忘故物，云山犹向画中寻。

多病与坐关，皆阻碍了他的游兴。他曾几次坐关，锁关不出，屋里只有一铛一几，每次坐关，或一年，或二年。（坐关是僧人苦修的一种方式，即僧人封闭龛内，坐禅或诵佛，定期苦修，足不出室，亦称闭关。）此时，髡残的知心师友如觉浪、继起、周亮工等人又相继去世，程正揆又远离南京回到家乡，他自觉孤独，不胜伤感，抑郁，情绪与病魔左右夹攻，使他感到生命将尽。于是他将平生所藏之古玩等分散与人，并按自己的想法，请了一位画工，作《罗汉出山图》，又亲书一联于上曰：

剜尽心肝博得此中一肯，留些面目且图在后商量。

从此绝笔。

据邓显鹤《石溪轶事》记云：“石溪后疾革语大众，死后焚骨投于燕子矶下。”

钱澄之《髡残石溪小传》亦记云：“师没十余年，有瞽僧亲至燕子矶，募工升绝壁刻‘石溪禅师沉骨处’数大字于上。瞽僧桐城方氏子，字子安，能文，既瞽而出家，盖斧公弟子也。”由于年久崖石风化，故现在燕子矶已无存矣。

髡残逝世后，程正揆见到石溪遗墨，不胜感慨，遂作《题石公画》，诗云：

黄鹤无樵此道微，溪边片石独传依。

画师少惬山僧意，遗墨苍龙破壁飞。

（见《青溪遗稿》卷十六）

据《常德府志》载，髡残有《浮查诗文集》传世，还有其法徒山足兴斧曾为师刊刻的《髡残禅偈》一卷和《大歇堂集》六卷，惜皆散失。

第二节　髡残的交游

据程正揆《石溪小传》云：“髡残性鲠直若五石弓，寡交识，辄终日不语。”其实在髡残的内心深处，遗民意识十分强烈。他与宗教界和文艺界人士交往较多，其中有许多是不事清朝的著名遗民，也有虽经改节仕清，但往往有所愧悔的少数人，其中如明末东林党领袖之一的钱谦益、程正揆，以及书画收藏家周亮工等。这些名人与髡残的交往，一面是钦慕髡残的人品和艺术，另一面也在于学佛参禅与书画方面的共同爱好。现分别简介如下：

髡残与熊开元

熊开元，字鱼山，明天启乙丑进士，官至吏科给事中，唐王时，任为大学士，与髡残是湖广同乡。他在湖南南岳削发为僧，法名薛庵，后其师弘储招他到苏州之灵岩寺以终。他在灵岩寺时，常到南京与髡残会面。据《蕙榜杂记》载云，熊开元为僧以后，有一次和朋友游钟山回来，髡残问道："你们今天到孝陵行拜没有?"熊开元说："佛之道君父拜之。于君父不拜，吾何须行礼?"髡残大怒，叱骂不已。第二天，熊开元向髡残认错。髡残说："你还是向孝陵磕几个头认错去吧！"髡残个性之耿直如此，同时，又反映了他怀念故国，憎恶异族统治之情。

顺治十年（1653），湖南常德一带遭受严重的自然灾害，饥民流离失所，尸卧郊野，熊开元与髡残商议，募造大墓，掩埋灾民遗骼，超度亡灵。

髡残与顾炎武

顾炎武，初名绛，字宁人，号亭林，明诸生，性耿介绝俗，与同里归庄有"归奇顾怪"之称。嗣母王氏性纯孝，尝断指疗姑疾。明亡时，其谓炎武曰："我虽妇人，然已受国恩矣。遇变，我必死。"后闻两京破，遂不食而卒。此举亦使炎武入清不仕，载书自随，周游四方。康熙时举鸿博、荐修明史，顾炎武均坚拒不就。他常来南京，拜谒明太祖孝陵以明其志。作有《恭谒孝陵》《闰五月十日恭谒孝陵》《重谒孝陵》《恭谒天寿山十三陵》，以及《再谒天寿山陵》等（载《亭林诗集》）。在他五次谒陵后，曾与髡残、熊开元等泛舟栅拱桥，饮酒赋诗，各抒情怀（见《亭林诗集》）。《王徵君潢具舟城西，同楚二沙门小坐栅洪桥下》。诗云：

落日照金陵，火旻生秋凉。都城久尘坌，出郊且相羊。

客有五六人，鼓枻歌沧浪。盘中设瓜果，几案罗酒浆。上坐老沙门，旧日名省郎。曾折帝廷槛，几死丹陛旁。天子自明圣，毕竟诛安昌。南走侍密勿，一身再奔亡。复有一少者，沉毅尤非常。不肯道姓名，世莫知行藏。其余数君子，须眉各轩昂，为我操南音，未言神已伤。

诗中，顾炎武特别称赞熊开元和髡残。顾炎武的高风亮节为东南遗民所敬重，髡残虽遁世为僧，但具有强烈的民族意识，顾炎武对他的沉毅寡言、非同凡俗之气质，也颇赞誉，并形诸诗篇。

髡残与张怡

张怡字瑶星，南京人，明末以诸生授锦衣卫千户，明亡，寄居栖霞僧舍，号白云先生，是金陵著名遗老，为髡残之好友。二人过从甚密，书札往来亦多。其弟张风，是南京著名画家。张怡曾题髡残《仿米山水册》云："举天下言诗，几人发自性灵?举天下言画，几人师诸天地?举天下言禅，更几人抛却故纸，摸着自家鼻孔也?介大师个中龙象，直据祖席，然绝不作拈椎竖拂恶套。偶然游戏濡吮，辄取第一。此幅自云效颦米家父子，正恐米家父子有未到处，所谓不恨我不见古人，恨古人不见我耳。"

这段题记是张怡对髡残的诗、画和禅学做的最好的评价。他认为髡残之诗是出自性灵，髡残之画是直师造化，髡残之禅学是直指本心，全无出家人那种开堂说法的恶套。髡残曾有一信给张怡说："何日来幽栖，两人相对无语亦妙。"可见他们默会于心，比高谈阔论更妙。张怡的著作很多，大都是谈经及论述史事的，惜未能传世，深为千古憾事。周亮工因爱髡残之画，故设法通过张怡而与之结为朋友。髡残与熊开元、顾炎武等人的交往，都是以遗民思想为基础的。

髡残与周亮工

周亮工，字元亮，号栎园，河南祥符（开封市）人，明崇祯进士，授监察御史，官至户部右侍郎等职，康熙时又出任江安粮道，后因坐事论绞，遇赦获释，后经张怡之介绍而结识髡残。周氏工古文诗词，对髡残其人其画极为敬佩，曾请张怡向髡残赐求墨宝。髡残复信给张怡说：“周栎翁久闻下车矣，不敢以方外人闻。然此翁具法眼者，自以麋鹿之性，不贵于人类。倘或晤问，幸道疏略。”可见髡残虽不愿与官长交，但对周氏精于赏鉴、且是一代名家还是钦佩的。周亮工在《读画录》里又为髡残写小传，并写诗贺髡残六十寿辰，诗云：

惟吾独尊耳，佛生共一天，
乘风欲离世。与雨互参禅。
伏腊应无量，儿孙谁及肩？
休轻下毒棒，易得到公前。

（见《赖古堂集》）

髡残在赠周亮工山水画上又题云：“东坡云：‘书画当以气韵胜人，不可有霸滞之气，有则落流俗之习，安可论画。’今栎园居士为当代第一流人物，乃赏鉴之大方家，常嘱残衲作画，余又敢以能事对。强之再，遂伸毫濡墨作此。自顾位置稍觉妥稳，而居士亦抚掌称快，此余之厚幸也，何似。”髡残论画应以气韵胜人，不可有霸滞之气。由于周亮工是当时一代名流，且精赏鉴，髡残慕其才，故称不敢弄斧，而周氏强之再三，方作此画。谦虚之风，令人可敬。而周氏对髡残的人品和修养，亦十分敬仰。他在《读画录》中说："……人品笔墨俱高一人头地，所与交往，遗逸数辈而已。绘事高明，然轻不为人作。"（见《石溪小传》）

髡残与钱谦益

钱谦益，字受之，号牧斋，晚号蒙叟，明万历进士，官至礼部侍郎，明末为东林领袖之一，以文章学识标榜东南，一度被奉为文坛盟主。清多铎攻占江南时，他率先迎降，授以礼部侍郎管秘书院事，因此受到正直之士指责和奚落，不久回归乡里。为摆脱贪生投机的苦恼，他转信佛教，诵经念佛，以求超脱。

顺治十二年（1655）及顺治十四年（1657）钱谦益住南京时，在大报恩寺修藏社校刊《大藏经》，与髡残结识，研讨佛学诗文。其诗有：《示藏社介丘道人》《腊月八日长干薰塔同介道人 孙鲁山 薛更生 黄舜力 盛伯含众居士》，以及《丁酉仲冬十有七日长至，礼佛大报恩寺，偕石溪诸人燃灯绕塔，夜夜放光，应愿欢喜敬赋二十韵记事》，还有《乙未长干偕介丘道人守岁》等多首。诗中有"寒窗檐挂一条冰，灰陷香炉对病僧"，以及"长干禅榻伴僧眠"之句，可见髡残与钱谦益之交甚厚。（见《牧斋有学集》）

髡残与龚贤、陈舒

龚贤，字半千，号野遗、柴丈人，筑半亩园于南京清凉山，名其寓所为“扫叶楼”。其性孤癖，工诗善画，后人推崇他为“金陵八家”之首。他对髡残的画艺极为钦佩。在他给周亮工题程正揆山水册页里述：“金陵画家能品最夥，而神品、逸品，亦各有数人，然逸品则首推二溪，曰石溪，曰青溪、石溪残道人也，青溪程侍郎也，皆寓公。”

郑昶《中国美术史》载云：“渐江开新安一派，石溪开金陵一派，石涛开扬州一派，画禅宗法，传布大江南北，成鼎足而三之势，后人多奉为圭臬。”可见髡残与龚贤以及金陵一派的相互关系。

陈舒，字原舒，号道人，顺治六年（1649）进士，官布政使参议，工画花鸟，法白阳山人，著有《道山诗钞》。陈氏居南京时，筑小园于雨花台下，时与髡残谈画论禅。他在《石溪山水图》卷上题云：“此公书画，岂可以文辞譬喻赞叹耶？故寓、卮、重等皆不能尽其蕴，值是一物不成，两物见在，观者见趣，任其高下，更不得着一语其上，便蛇是也。昨日在他位下过夜嗔饭，看见动笔不是易事，慎勿易得易失为望。”下署“侍者陈舒”。可见陈舒对髡残崇敬之心情。

髡残与钱澄之、方以智

钱澄之，原名秉镫，字饮光，后更名澄之，改号田间。他与方以智（字密之，号鹿起）均是安徽桐城人。钱氏在当时文坛颇负盛名。明末与复社成员陈卧之、方以智、魏学渠等交往甚密，后见明朝大势已去，他与方以智便先后剃发为僧，钱氏法名西顽。顺治十一年（1654）钱澄之到南京看望方以智时，方氏已受大戒于天界寺，法名大智，字无可，号弘智、药地和尚等，与髡残同为觉浪禅师门下。顺治十四年（1657）钱澄之到大报恩寺修藏社拜访髡残，髡残赞其文章说："某公为文，句句要人不解，子为文，句句要人解，可喜也！"两人"辄纵谈谐谑，杂出无所隐讳"。

髡残的弟子山足兴斧，字剑谷，号荆堂，江西吉安人，后转依于方以智门下。钱澄之所作《髡残石溪小传》，就是根据山足兴斧为其师所作的行状，再加以自己与髡残交往中之所见所闻而写成的。

髡残与姚若翼

姚若翼，字伯右，一字寒玉，工画梅，得法于秋涧先生及允吉公家传。髡残曾为寒道人作山水扇（设色，现藏浙江省博物馆）。根据《大涤子题画诗跋》卷四载，程霖生旧藏石溪画赠伯右的山水大幅题云："山中忆寒道人梅，寒花疏蕊，堪与老僧玄对，因作此影草，道人得无有以报我乎。道人者，今之伯右先生是。庚子秋八月挂担幽栖，石溪残道者合爪。"

此题与石溪为寒道人作《山水图》扇面题云"此石道人与寒道人画，山石性冷，与寒相类。寒道人善画梅……"两题均画赠一人，因姚若翼字伯右，一字寒玉，所题别号寒道人的即伯右先生，是当时南京的画梅名家，髡残常为他作画。再联系题识云："吾两人犹得逍遥于霜天月露之下，是亦得人所未得，乐人之所未乐也，道人以为何如。"此跋道出了髡残与姚若翼之友谊是很深厚的，可谓知音密友。

第三章 髡残的绘画成就及其影响

第一节 绘画成就

一、诗文为骨与禅学铸魂

髡残自幼聪明，攻读诗文，习举子业，同时又学书画和佛学，故其以诗文为骨骼的书画基础，能脱尽画师习气，具有很高品位。所谓“诗中有画，画中有诗”是也。因为诗文的素养，犹如骨骼支撑和摆布着绘画的肌体，骨残则体残，骨健则体健，其意境和形象，就有显明的畅神欲和表现力。

由于髡残处在清移明祚的动变社会中，中国士大夫的情怀和心态产生着变化，中国传统文人画的笔墨形式，也同样在变化着。其时，佛教的禅学乘机而入，尤其对绘画艺术产生了很大影响。禅之“顿悟”，成为一种灵气，它不仅启示绘画形式、语言的改变，更是创作思想的灵动，空与色的灵感，能将参禅的意境引入诗画，使超然空灵之胸襟与自然清旷之山水融为一体，创造出自我驰骋、超然洒脱的画风，开拓了中国文人画渐入禅画的先河。

所谓“外师造化，中得心源”，这与禅宗心性之学有内在之联系。髡残的画，接近王蒙风格，同时，他更力追北宋巨然之法。他在《溪山闲钓图》中自题云：“东田又谓余曰：世之画以何人为上乘而得此中三昧者?余起而答曰：若以荆、关、董、巨四者，得真心法惟巨然一人。巨师媲美于前，谓余不可继迹于后，遂复沉吟有染指志。”（见《书画鉴影》卷二十四）

髡残在论画时，亦常推许巨然，因为巨然是南唐江宁郡开元寺的和尚，其画岚气清润，山川高旷之趣，多得于禅家心性之学。见髡残有一题画诗云：

年来学得巨公禅（指巨然），草树湖山信手拈，最是一峰孤绝处，晴霞齐映蔚蓝天。

禅宗在唐代兴起后，很快就进入鼎盛时期，其禅学深受士大夫笃信。禅宗虽为宗教，但其禅理对士大夫之绘画影响极深。依据禅家信念，心灵与宇宙不二，两者之间的调和可形成一种博大精深的象征，以胸境表现山水，以山水表现胸臆。龚贤评髡残之画是“粗服乱头”，评出了髡残的胸境，形象之极。

山水画在中国绘画中，形成独立审美对象是比较晚的。早在秦汉时的绘画，是以人物画为主，到魏晋时才逐渐萌发，至南朝方成独立画科。南朝宗炳著有《画山水序》，王微著有《叙画》。宗炳亦笃信佛学，其《画山水序》并不是一部山水画论著作，它主要是阐述用山水画形式来表达哲理，这就导致了中国画重精神和理性的意义。王微的《叙画》中述，“以一管之笔，拟太虚之体”，这就是提倡“写心”，传至清石涛，亦主张“夫画者，从于心者也”（见石涛《画语录》）。这些关于山水画的论述，总结了对艺术规律的深刻认识并使山水画成为一门独立的画科。当然在宗炳以前的东晋顾恺之，曾作《列女图》，图中表现在卫灵公身后有一画屏，屏风上画着远山、烟云、房舍等，均依稀可见。这一画屏，为我们提供了山水画起源的资料依据。

山水画从开始就奠定了“拟太虚之体”即提倡“写心”之说。故纵观唐宋至明清画坛，凡名家之画，其作品无不渗透着禅意和禅境。宋代苏轼亦受禅学影响，他把直观的审美把握与“顿悟”的审美发现联系起来，其诗云：

欲令诗语妙，无厌空且静。静故了群动，空故纳万境。

他把幽深的形象与哲理相结合，表现诗与画相通，故评王维之画，“画中有诗”，评王维之诗，“诗中有画”，提倡“诗画本一律”之说。黄庭坚也曾云：“画格与文章同一关纽”（见黄庭坚《题摹燕郭尚父图》），又曾云：“余初未尝识画，然参禅而知无功之功，学道而知至道不烦，于是观图画悉知其巧拙工俗，造微入妙。”（见黄庭坚《山谷集题赵公祐画》）

故髡残深知诗文于绘画之作用。

到了元四家，除加强自身诗文素质外，更重禅学。如吴镇自号“梅花和尚”“梅沙弥”，他一生除读儒外更通禅学。倪云林也曾求佛参禅，曾有诗云：“嗟余百岁强半过，欲借玄窗学静禅。”黄公望也热衷于参禅。董其昌把自己的画室命名为“画禅室”，他还评述米家山水所表现的禅境。可见禅的影响何等的重要和深刻，在中国文人画发展过程中，由来已久。禅宗的《六祖坛经》云：“外离一切相，名为无相，能离于相，即法体清净。”

禅宗的“无相”说，使髡残悟到世俗所认识的现象，均为“假相”，唯有摆脱世俗认识方能得到真如实相。其最高境界是空无，因为只有空无才能提供主观心灵上的无限的自由驰骋，这就是艺术创作的真如妙境。

髡残直接在题识中的禅语，其深奥是难解的，如云：“如古德云，尔当亲授受，得彼破了蒲团诀时。”又：“不知岁几何，蒲团道不究。”“世界婆娑。安居是他。问我来甚，不说云何，处上视下，身寄高柯。人说我险，我说你魔。”

这些题识都需要结合他的生平经历、心态演变以及他崇信禅佛和当时的创作情境来解释，方可明白。所以说，髡残的画作，集中体现在“云烟供奉”。也就是髡残的情之所发、物为我用、借物写心、因心造境、以手运心、描写胸中丘壑，在他的作品中，表现得极其清楚。髡残的山水画，既不纯属具象，又不纯为抽象，他强烈地表现出画像所具有的“禅”的信念，追求献身的庄严、端庄的微笑和纯净的灵魂，以及纯净的内心情感激发出来的艺术创造。他将绘画艺术视为一种主体表现和自我观照，他从大自然中追求精神境界，所以他的干笔点画形象，极具庄严感，其表现的艺术语言，也极具幽深而圣洁之感。如他在《苍翠凌天图》上题云：“坐来诸境了……”这是平和而无欲、万念俱灰的境界。他又说：“残僧本不知画，偶因坐禅后悟此六法。”由此可见，他的艺术创作之灵魂是禅学、禅境和禅意。其禅学所特有的恢宏想象、巧妙譬喻、自由驰骋等，对髡残和其他中国文人画家都具有极大的吸引力和生命力。

二、博采众长与登山穷源

髡残的绘画基础，是师承传统，从学习古代大师的技法入手，取各家之长，加工变化，独创新法。从文献著录来看，他年方弱冠就画有《仿关仝山水》轴（见徐邦达《历代流传书画作品编年表》）和现存画迹《仿大痴山水图》轴（现藏上海博物馆），这就证明他在临古人技法上下过苦功。他在《四景山水图册》（《山水画册》）“春景”中曾题云：“画必师古，书亦如之。”他受王蒙影响较深，其次是巨然、黄公望和沈周。程正揆对他临王蒙的画，曾题诗云：“山人黄鹤老山樵，三百年来竟寂寥。非是金针无暗渡，阿师脂粉忒轻描。”意指王蒙之后，继其技法者，三百年来也只有髡残一人了。程正揆家藏书画颇富，有黄公望的《九峰三泖书图》轴、王蒙的《惠麓小隐图》《赠后山湖山胜游图》以及《紫芝山房图》。程正揆将迁归武昌时，髡残说：“君既借《紫芝》以去，何不用山樵法补我借云？”（指借云阁，见《青溪遗稿题画赠石公》）程正揆就仿《紫芝山房图》法作以赠之。可见髡残的画法，最多是得力于王蒙，在程正揆的一些诗中，也常推许髡残是当代的黄鹤山樵，其评鉴是很确切的。其次他也临黄公望的画，如其作品有《为赤林仿大痴设色山水图》《仿黄一峰溪山闲钓图》

等。他曾自题云："一峰道人从笔墨三昧证阿罗汉者，今欲效颦，不只一行脚僧耳。予因学道，偶以笔墨为游戏，原非以此博名，然亦不知不觉坠其中。笑不知禅者为门外汉，予复何辞。"髡残所画山川之浑厚，草木之华滋，气韵之荒率，其中亦得力于黄公望也。

髡残在学习传统方面，是下过硬功夫的。他还临过吴镇的作品，即《仿梅道人山水图》轴（载《支那名画大成》）。潘正炜在《听帆楼书画记》中评价他的《溪山无尽图》，云："此溪山行脚图卷，叠嶂则祖述山樵，平林则力追仲圭。"

他也临过文徵明的作品，钱杜在《松壶画忆》上评云："石溪上人笔墨，与石涛相伯仲。其临文徵明山水，不独形似，兼能得其神韵，余曾见仿文氏数帧，并如太史腕下跳跃而出，虽精于鉴赏者不能辨也。"可见髡残在学习传统、临摹古人作品时，一丝不苟、全神贯注，看中悟出三昧，汲取其养料，博采众长。此为基本功力也，完全得力于传统。再看髡残所作《溪山闲钓图》，其细秀严谨之路颇近巨然，其题云："若以荆、关、董、巨四者，得真心法惟巨然一人。"髡残深知，元四家皆以董、巨为宗，又各自脱离出自己的风貌。至明之董其昌曾云："元季四大家以黄公望为冠。"

且黄公望学道参禅后"寄乐于画"，盖自他开此门庭。髡残着重探讨这几位大师，对倪瓒之画技，髡残在《松风溪响图》中亦有所撷取。程正揆题其画云："石公笔墨，得香光神髓。此忽作迂态，在《师林》《鹤林》之间，宛转心目，令人意远，可谓狯矣，……此亦自出手眼，独行不求伴侣者也。”可见髡残学传统而不泥于传统，所以其作品能自出手眼，独来独往，创造出粗服乱头之法。亦即繁复秀逸的点线，虽出自王蒙，又非王蒙；其简秃之笔，则从黄公望笔法中变出，还旁及诸家，出奇制胜，吸其精华，另辟独家画风。

髡残的艺术成就，既得力于传统，又得力于登山穷源，缺一不可。“外师造化”是艺术之源泉。髡残自幼就生长在山明水秀之乡——武陵。湘西武陵源是盛名远扬的胜地，这一带石峰如林，云雾飘缈，以山奇、洞幽、水秀、桥险著称，还有胜似画廊的十里峡谷——索溪峪和西海石林，及以雄、奇、野、秀著称的太子山和神堂湾，此地人皆赞誉“不是黄山，胜似黄山”。甲申间，髡残避乱桃源，即今常德之西，唐代王维所作《桃源行》即写此地：“春来遍是桃花水，不辨仙源何处寻。”在桃源虽“受诸苦恼凡三月”，但于其山川奇辟、树木华滋的大自然之美，不能不有所感受。在他为僧后，又云游八极，到处为家。顺治十一年（1654）髡残在南京定居，也常住牛首山、栖霞山、祖堂山近二十年之久。顺治十五年（1658）他又到安徽歙县、宣城、黄山等地游览近两年。可以说，髡残一生尽在山中游。所以，他对自然山水之美，有着极其深刻的感情，并富有观察力和概括力。他常把自然美和艺术美相互印证，如他说：“出牛首诸峰，回望之，却是米老本色。”他印证了江南山水是米芾笔下的云山。他在《山高水长图》（现藏台北“故宫博物院”）上自题云：“余住黄山时，每四序之交，朝夕晴雨之变，各得奇幻之妙，令人难以摹想。此非山高水长图，盖常见天都山里，处处峰插青天，泉挂虹霓，故有是非，主曲折细微之奥，岂笔墨所能尽也哉！”

顺治十七年（1660）他画《天都溪河图》，题云：“余归天都，写溪河之胜，林木茂蓊。总非前辈所作之境耶！”（现藏香港“虚白斋”）他又说：“庚子秋八月曾来黄山，路中风物森森，其如山险道上，应接不暇。”（黄宾虹《古画微》）

髡残竭尽心力学习传统，跋山涉水，追求艺术真谛。但他仍感到不足，说：“尝惭愧这只脚不曾阅历天下名山，又尝惭此两眼不能读万卷书，阅遍世间广大境界；又惭两耳未尝记智者教诲，纵有三寸舌，开口便秃。”

当然，画家所绘之丘壑，即是画家胸中之丘壑，这丘壑完全是从平素学识的丰富积蓄和从师造化而来的。这才能化自然于心胸，与自然相交融，髡残之作是与前辈之作找差异，伟哉！故他能化景物为情思，与自然神融而迹化，将自然美升华为艺术美，他创造出秃笔渴墨、粗服乱头，来表现出淹润华滋、云烟掩映、奇峰危崖、缅邈幽深的艺术特色。

三、粗服乱头与缅邈幽深

髡残擅画山水，也偶作佛像、花卉等，但流传至今的髡残作品，则以山水画为多，故其评述亦以山水为主。

现代艺术大师黄宾虹，其画受髡残影响极深。他在《古画微》上评髡残之画述：“奥境奇辟，缅邈幽深，引人入胜。笔墨高古，设色清湛，诚得元人胜概。”龚贤在给周亮工题程正揆山水册中述：“残道人画粗服乱头，如王孟津书法。”《国朝画徵录》及《历代画史汇传》等，评髡残之画皆大同小异，其共同评论点是：“奥境奇辟，缅邈幽深，……诚元人之胜慨，此种笔法不见于世久矣，盖从蒲团上得来也。”

综上所述，“粗服乱头，奥境奇辟，与缅邈幽深”准确地概括了髡残绘画艺术的特色。髡残之画山水，其章法构成颇似王蒙，其用笔繁密苍茫亦似王蒙，他善用干笔勾点，排奡纵横，苍润雄浑，层次丰富，洒脱多变。这是髡残在王蒙的基础上，又糅合了元代诸家之长，独创的画法，实属少见。

元代倪云林曾题王叔明之画云：“……五百年来无此君。”到明末程正揆题髡残临叔明之画云：“……三百年来竟寂寥。”这就是说，五百年来出了一个王蒙，而继王蒙之后，发扬其法者，三百年来也只是髡残一人而已。再评髡残之画石，多从巨然画中变来，勾勒皴染，均用秃笔，背阴处采用短壮线条。浓淡点擦，富于变化，聚碎成形，苍浑自然，给人以粗服乱头之感，极具朴拙之趣，为近世不经见之作。

其画树之法，颇似云林，勾勒点染，亦用秃笔，且多露枯枝秃干，用墨点叶，先浓后淡。多遍复合，表现出树木苍老凝重之感。

髡残之作品，全以气韵胜人。他善写平远和高远景色，其平远作品，多写烟霭迷蒙的江湖洲渚，或苍茫明洁的秋山秋水。其高远作品，常画层峦叠嶂、危崖奇峰、白云缭绕、山重水复、屋舍桥梁、瀑布溪流、长松落叶。景物前后交错，远山层层烘出，流泉山路，木桥可通，树木参差，姿态奇巧。其短披麻和折带皴法，峰峦又多转叠，结似粗服乱头，缅邈深幽，给人可游、可居、神往其境之感。

杨仁恺先生在《中国书画》中评髡残之艺术特点云：“章法稳妥，繁复严密，郁茂而不迫塞，景色不以新奇取胜，而于平凡中见幽深；笔法浑厚、凝重、苍劲、荒率，善用雄健的秃笔和渴墨，层层皴擦勾染，笔墨交融，厚重而不板滞，秃笔而不干枯；山石多用解索皴和披麻皴，并以浓墨点苔，显得山川深厚，草木华滋。他的作品以真实山水为粉本，具有‘奥境奇辟，缅邈幽深，引人入胜’的艺术境界。”此评细而准，髡残所作《报恩寺图》可作此例，其粉本就是南京的牛首山和长江。姜一涵先生在台湾出版的《艺坛》中，曾发表了《从报恩寺图谈石溪在中国艺术史上的地位》一文，还有在《艺林丛录》第八期里发表的《谈石溪报恩寺图》等，可见髡残的《报恩寺图》为中国文人画开辟了表现现实的先例，其评价是极其高的。他的“粗服乱头与缅邈幽深”的艺术特点，已为人所公认。

第二节 髡残绘画艺术与有关诸家之比较

髡残独树一帜的绘画特色，是从师法古人起步的，他远追北宋巨然，法宗元人王蒙、黄公望以及明代之沈周等大师。但他能突破其藩篱，在前辈基础上大胆变革，与同时代的弘仁、石涛、龚贤、程正揆等人相比，又各有千秋。弘仁用笔空灵，画风荒僻，以疏简取胜；石涛用笔泼辣，纵横洒脱，以奔放取胜；龚贤用笔沉郁、光影明灭，以气势取胜；程正揆用笔精练，有书卷气，以清新取胜。而髡残则变弘仁之荒僻为蓬勃生机，变石涛之泼辣奔放为沉着淳朴，变龚贤之沉郁凝重为苍莽轻松，变青溪之水肌玉骨为粗服乱头。髡残的画境，比起上述诸家，则更具有神游物外的特色，他已把现实中的自然山水，变成人与自然为一体的自由无碍的生机世界。从比较中可以看出，髡残对前辈画师传统的继承，以及向同辈画家的汲取是有所扬弃，有所发展，更有所创造的。

一、与前辈诸家之比较

髡残之绘画，远追北宋巨然。现就巨然之《溪山图》卷之三，与髡残之《同叩梵宇图》来看，髡残是受其启发的。他曾在《溪山闲钓图》上题云："东田又谓余曰：世之画以何人为上乘而得此中三昧者?余起而答曰：若以荆、关、董、巨四者，得真心法惟巨然一人。巨师媲美于前，谓余不可继迹于后，遂复沉吟有染指之老志。"（见《书画鉴影》卷二十四）

图一为巨然之《溪山兰若图》卷，此图画山峦重叠，一派高远景象，山中茅屋数间，面临溪流，高低有致。屋中高士端坐则依稀可见。山头树木林立，寂然无声，只听到奔泉呼啸于山谷之中。这种脱尘、宁静的境界，令人悠闲自在，恍如置身于远离人间烟火的大自然中。巨然之喜用破笔焦墨点苔、构图繁茂、山色润湿、幽溪山径、竹篱茅屋，以及敷色清淡等表现手法，明显地影响着髡残。

图二为髡残之《游山叩净图》（《山水画册》），此图章

图一　溪山兰若图

图二　游山梵宇图

法颇似巨然之《溪山图》卷之三。髡残将巨然之破笔焦墨之法，变而为秃笔干皴。敷色方面，髡残变清淡为浅绛，其他为峰峦重叠、溪流山径、竹篱屋舍、小桥滩渚，给人以悠闲、自在、脱尘、宁静的意趣，髡残尽得其中三昧，有评佐证。

恽寿平在《南田画跋》上评巨然云：“巨然行笔如龙，若于尺幅中雷轰电激，其势从半空掷笔而下，无迹可寻，但觉神气森然洞目，不知其所以然也。”

程正揆在《青溪遗稿》中评髡残云：“石公作画如龙行空，虎踞岩，草木风雷，自生变动，光怪百出，奇哉！”两者皆评“行笔如龙”，何其相似乃尔。髡残之画，可游、可居之境，即从北宋而来。

再以王蒙之《青卞隐居图》与髡残之《云洞流泉图》相比，髡残得力尤多。

图三为王蒙之《青卞隐居图》，其描绘之实景是浙江吴兴西北卞山碧岩胜地景色。画面上悬崖高耸，密树层层，山坡上

图三　青卞隐居图

图四　云洞流泉图

茅舍数间，溪流从岩洞中涌出，草木树石，参差相错。草堂中画一人抱膝而坐，一隐士依山路而行。用笔多干皴，作解索和牛毛皴，活而不乱，层次分明，表现出江南溪山湿润华滋、沉郁深秀之气。其山水师法巨然，秀润可喜。《夷白斋稿》卷三十一评云："黄鹤山人最善画，凡卉木烟霞山光水色可以状夫轩之胜者，虑无不曲尽其态。"又《清河书画舫》戊集有诗题云："笔精墨妙王右军，澄怀卧游宗少文，叔明笔力能扛鼎，五百年来无此君。"王蒙虽以董源、巨然为宗，但其中变古创法自立门户，"五百年来无此君"之画外三昧，颇为髡残所悟得。

图四为《云洞流泉图》，写景稠密，多用干笔皴擦，在王蒙之牛毛皴上加以发展变化，其皴多至十数

重。山中路迴云转，烟霭微茫；山坡上茅屋数间，在近处草堂中，画一隐士独坐，临窗凭眺，溪水从岩石中涌出，汇成溪流。其构图和笔触，不难看出髡残在王蒙的画法上，又有所创变，但在表现林峦郁茂之气和曲尽山林之幽致方面，仍不失王蒙之神气。故程正揆有诗云：

石公慧业为超乘，三百年来无此灯，

入室山樵老黄鹤，同龛独许巨然僧。

“叔明笔力能扛鼎，五百年来无此君”，意是五百年来出了个王蒙，在王蒙后三百年，扬其法者，又出了一位髡残。

黄公望在明清两代备受推崇，髡残也学过黄公望，其《山水图》与黄公望的《丹崖玉树图》相比，多有相似之处。图五为黄公望《丹崖玉树图》，画面近景是山脚下的树木坡石，石下是水，层层远去。右边是一大山的侧角，山上林木扶疏，幽清静寂。再远眺，则是高耸入云的峰岭，岚气弥漫其中。屋舍数间，隐现在山林之中。黄公望尝居富春山，亦常“在外云游”，领略江山云水之胜，“终日只在荒山乱石丛木深筱中坐”。故其

图五　丹崖玉树图

图六　庐山高图

构图水崇董、巨，自成一家，可入逸品。

髡残之《山水图》轴，其构图繁茂，苍茫浑厚，用笔多使秃笔和干皴，显得草木华滋，以及设色亦用淡赭，“浅绛”之法被髡残发展得更加朴茂苍雄。他以“浅绛”为主，更略掺重赭和花青，使人感到清新而不幽淡，发展了元人的“浅绛”山水。这也是髡残的一大特色和创变。

以髡残之《山高水长图》与明代沈周之《庐山高图》相比，亦见端倪。

图六为明沈周之《庐山高图》轴，图中山峦层叠，草木茂盛，画法亦仿王蒙，谨严而幽深。他融汇宋元各家之长，而自成一体，为明代吴门画派之首，唐寅、文徵明皆出于他的门下。由于他的影响，吴门许多名家也都长于诗书画，形成了文人画的一代新风。沈周在《庐山高图》即题古体长诗一首云：

庐山高，高乎哉！郁然二百五十里之盘踞，岌乎二千三百丈之龍嵸，谓即敷浅原培嵝，何敢争其雄？西来天堑濯其足，云霞日夕吞吐乎其胸，回厓沓嶂鬼手擘，涧道千丈开鸿蒙……

其布景之繁茂和题诗之鸿蒙，皆为髡残所汲取。图七为髡残之《林麓乐志图》，图之右上方自题诗云：

茾峻矗天表，浩瀚周地轴。

溪云起淡淡，松风吹谡谡。

乐志于其间，徜徉岂受缚。

两双破草鞋，几间烂瓦屋。

笑看树重重，行到峰六六。

图七　林麓乐志图

髡残之诗文书画皆工，他除法宗元四家外，亦受明代沈周、董其昌等影响。他博采诸家之长，加以创变、升华，在清初画坛上标新立异，独树一帜。

二、与同时代名家之比较

被称为“四大画僧”之一的弘仁，其代表作《黄海松石图》与髡残的《苍翠凌天图》，是截然不同的作品。

图八为弘仁之《黄海松石图》。弘仁之画，受元人倪瓒的影响最深。髡残在画树木方面也学过弘仁，但只取其一，而弘仁从笔墨瘦劲、简洁，到画风之冷峭，皆似云林。但他也发展了倪瓒之画法，他善用方折直线勾出形体，成峰岭奇绝、山崖险峻之势，具有装饰趣味。此画危崖陡削，奇石峙立，古松倒挂，如龙行空，疏密得宜，自然成趣。画上三组巨石，平行耸立，高低远近，层次分明。石涛曾评其画云：“笔墨高秀，自云林之后罕传，渐公得之一变，后诸公实学云林，而实是渐公一脉。”（此评跋于弘仁的《晓江风便图》）

图八　黄海松石图

图九 苍翠凌天图

再以髡残之《苍翠凌天图》（图九）相比，一为繁密，一为简洁，大不相同。图作层峦叠嶂、山路曲折、飞瀑流泉、屋舍梵宇等，可居可游，引人入胜。与弘仁之静寂荒寒、伟峻深沉画风各异，各具特色。在“四大画僧”中，弘仁与髡残均系明末遗民，以绘画避世山林，他们亦都法宗元人，讲究抒写性灵，气韵超逸，但他们两人的绘画造诣，所辟之蹊径，则如八仙过海，各显神通。

石涛亦“四大画僧”之一。其《对菊图》轴（图十），与髡残之《山水图》轴相比，品格各异。《对菊图》之构成是平中带险，恣意洒脱。他以瘦菊柔枝写深秋景色，以秋菊喻秋景思路妙极。此图布局在一峰之下，奇松突出，数间屋舍横亘于山岩之间。院内正堂中，端坐一高士，观赏书僮所植之菊艺，院外一石桥，溪流绕院而过，丛树立于山巅，远山一抹，胜似“秋水共长天一色”。整个画面呈现出一派萧萧郁茂、苍莽幽邃之气势。人若置身院内，起居吟咏，不亦乐乎。其自题云：

连朝风冷霜初薄，
瘦菊柔枝蚤上堂。
何以如松开尽好，
只宜相对许谁傍。
垂头痛饮疏狂在，
抱病新蘅坐卧强。
蕴藉余年惟此辈，
几多幽意惜寒香。

图十　对菊图

石涛在创作上，力主“搜尽奇峰打草稿”，髡残提倡“登山穷源，方能造意”，他们都强调要深入生活，师法造化。这一主张，一反当时仿古之风，不落窠臼。

石涛之画，构图新奇，笔墨雄健恣纵、淋漓酣畅，他亦学元人，深得元人意趣。在气概与风神上自具独特之面貌，画风豪放、多变，此为同时代诸家所不及。王原祁评其画云：“大江以南，无出石师右者！”髡残之《山水图》与《对菊图》相比，即见其特色各异。髡残之《山水图》，图上近处画杂树丛林，林中置屋舍，屋中一高士端坐堂上，凝视乎？打禅乎？皆似。树石林中烟岚横断，树梢上一峰突兀，远山逶迤连绵，若隐若现。其用笔细致平和，设色空灵淡宕、澄明雅秀、清韵无穷，与石涛劲利雄肆之笔，和淋漓泼辣之墨是背道而驰的。一为“清韵”，一为“豪放”，两人的画风，虽均写自己对自然的观察体验所得，但各有思想，各有创造。

图十一　夏山过雨图

“金陵八家”之首龚贤，以其《夏山过雨图》与髡残之《云房舞鹤图》相比，其绘画特点，更明显不同。图十一为龚贤之《夏山过雨图》，描绘的是夏日雨后山林，构图顶天立地，气势非凡。近景为坡石丛林，远景是山峦重叠，中间岚气云烟，层次分明，在绿树荫中透出一缕阳光，两间小屋隐现其中，使寂静的山林更显得幽邃，表现出龚贤浑厚凝重、丰饶苍秀的绘画特色。他善用“积墨”之法，层层加黑，至烟润欲滴方止。龚贤还喜用枯笔干墨皴染，虽不用泼墨、湿墨，但能画出淋漓苍润的效果，深得造化神韵。

图十二　云房舞鹤图

比较龚贤与石涛两人的画，石涛不仅继承了宋人的现实主义精神，也对元人水墨写意的技巧，吸取了其中的精华，创造出他自己的风格。石涛之画，常常出奇制胜，取得出人意料的强烈效果。其力度与龚贤不同。龚贤趋于“浑厚”与“苍秀”，石涛则表现“千变万化，离奇苍古”。其与髡残之《云房舞鹤图》相比，则龚贤自是龚贤，髡残自是髡残，两者都卓然自立。

图十二为髡残之《云房舞鹤图》，此图与龚贤之《夏山过雨图》章法相似，但一粗一细，一浓一淡。两人均善用秃笔干皴，但龚贤创“积墨”干皴，显得凝重浑厚，而髡残之秃笔干皴，显得苍古秀逸，其所追求之效果不同也。龚贤善表现光影明灭的画境，髡残则变光影明灭为岚气流动之意趣。龚贤善表现山川苍茫磅礴之势，髡残则变磅礴厚重为缅邈幽深秀逸可游之魅力。龚贤是大块皴染，髡残是繁复细密。两人的表现手法不同，但表现的山川浑厚、草木华滋、气韵荒率是同一的。他们对艺术所追求的，就是新与创造。

髡残与程正揆相处极密，经常谈禅论画，切磋技艺，但两人之绘画亦不相似，各行其是，各走各路。图十三为程正揆《山水图》轴。程正揆一生创作《江山卧游图》计有五百卷之多，每幅皆精心设计，构图布局多样，笔墨情调各有异趣。他师承董其昌，受其“以境之奇怪论，则画不如山水；以笔墨之精妙论，则山水不如画”（见董其昌《画旨》）之影响。此山水轴画高远境界，近景山脚下一条溪流环绕，沿溪水远去，从山谷中现出一平台，画屋舍数间，背倚林木。随着画卷的展开，远山有一开阔之洞，洞中瀑布直泻而下，汇成溪河。远处一峰屹立，云岚横亘，整个画面以溪涧为脉络，气势连贯，景色幽邃。其笔法与髡残各异，青溪画大笔淋漓，大石屹立，山峦树木简概精练，其用笔多硬毫秃锋，并具有草书味道。秦祖永在《桐荫论画》中评他：“程侍郎笔情纵逸，风韵萧然，真士大夫笔，其画理最精，故能造妙入神。”

程正揆论画曾说“足迹尽天下名山”与“眼界尽古人神髓”，这与髡残论画宗旨相同但说法不一。髡残说：“论画精髓者，必多览书史，登山穷源，方能造意……”程正揆

图十三　山水图

图十四　结社林泉图（《山水图》）

在给画家龚贤的信中说："画有繁简，乃论笔墨，非论境界也。北宋人千丘万壑，无一笔不减，元人枯枝瘦石，无一笔不繁。"由此可见，程正揆用笔较减，而髡残用笔则较繁。方薰评他："青溪、松圆、风人、半千、年少、尺木诸老，寄意毫素，不为法缚，不为法脱，教外别传，是为逸品。"（见《山静居论画》）

髡残曾在程正揆画上题云："书家之折钗股、屋漏痕、锥画沙、印印泥、飞鸟出林、惊蛇入草、银钩虿尾，同是一笔，与画家皴法，同一关纽。观者雷同赏之，是安知老斫轮有不传之妙耶？"

髡残对程正揆画中的书法味是很欣赏的。

图十四为髡残《结社林泉图》（《山水图》）轴，章法与程正揆之《山水图》大同小异，但其笔墨，一看就是两回事。乍看只是一粗一细、一光一黑，两者各有所长，然而皆见功力。龚贤在《集名家山水册》中评云："金陵画家能品最夥，而神品、逸品，亦各有数人。然逸品首推二溪，曰石溪、曰青溪。石溪，残道人也；青溪，程侍郎也，皆寓公。"

二溪的山水画艺术，一为粗服乱头，不掩图色；一为冰肌玉骨，丰韵照人；一为繁茂，一为简洁；一为平淡敷色，一为秾湛设色。石溪（髡残）与青溪（程正揆）画风各异，各具特色，故画史上对"金陵二溪"均有较高的评价。他们的作品，在东方乃至世界艺术库中，光彩夺目。

第三节　髡残代表作品鉴赏

山高水长图（图十五）

纸本设色，纵321厘米，横127.8厘米，现藏台北“故宫博物院”。

此图的右上方用隶书写了“山高水长”四大字作为画题，题后再题一诗及跋：

崒峻矗天表，浩瀚周地轴。
溪云起淡淡，松风吹谡谡。
乐志于其间，徜徉岂受缚。
两双青草鞋，几间黄茅屋。
笑看树重重，爱兹峰六六。
山高共水长，鹤舞与猿伏。
可以立脚跟，方此对衡麓。
余住黄山时，每四序之交。
朝夕晴雨之变，各得奇幻之妙，
令人难以摹想。此作山高水长图，
盖常见天都山里，处处峰插青天，
泉挂虹霓，故有是作。
至其曲折细微之奥，
岂笔墨所能尽也哉？
曳壤石溪残道者。

石溪曾在顺治十七年庚子（1660）五月和八月之间游黄

图十五　山高水长图

山，此次黄山之行给他留下了非常深刻的印象。归来后，他曾以黄山为题画过很多幅画，这是最有代表性的一幅。

读了画上的诗及跋，我们知道画的是天都峰，可是，如果把天都峰的图片和画中景致来对照，那是寻不出有多少相似之处的。不过，画中云飞松舞、雄奇峻险、风雨变幻、情理俱无的那种意境，却是黄山天都峰的神与魂，画家所画正是黄山天都峰在心理上给他的感受和印象，即所谓“意象”。它不是导游地图可以按图索骥，可以一一印证，它只是画家在山水中遨游时的感觉和情绪的表现。所以画中的黄山天都峰，是画家的“胸中丘壑”，在外形上与真正的天都峰似与不似，这是无关重要的。可贵的是，画家把黄山天都峰的雄奇与变幻、生机与气势表现出来了。观众面对这幅巨型的立轴，不能不目眩心跳，心灵受到震撼。画中的天都峰顶天立地，一股直泻千里的飞瀑穿云破雾。画幅中心，缭绕流荡的云霞与山下龙盘虬结的奇松互相映衬，结合成一股动势。这种掀天揭地的动势，与雄踞屹立、苍莽萧森的天都峰矛盾而又统一，惊心动魄，气势迫人。石溪的巨幅大画，笔墨繁密，以线条和苔点错落交织，有一种乱头粗服的荒野之美，最能表现山川浑厚、草木华滋的境界，这幅《山高水长图》正是如此。

——蔡星仪

苍翠凌天图（图十六）

纸本设色，纵85.3厘米，横40.8厘米，现藏南京博物院。

清秦祖永《桐荫论画》曰：“石道人髡残笔墨苍莽高

图十六　苍翠凌天图

古，盖胸中一股孤高奇逸之气毕露笔端。”此段文字着意于苍莽高古和孤高奇逸，前者论笔墨，而后者论气韵，以此图而言这个分析是精到的。此图笔墨沉着，先以湿笔淡墨而后以干笔深墨层层皴擦，苍茫浑厚，似有元人王蒙之面貌。然而其中也不乏凝练圆浑、简洁空灵的中锋勾勒，以及山头石上之浓墨大点，恰似从黄公望《富春山居图》中来。山势层峦重叠，顾盼、朝揖、宾主、向背分明，间以烟云迂回其间，使全图密而不塞，《山水纯全集》以为“通山川之气，以云为总也”。其中前景树石之后一片轻岚，空灵静寂，更是全图的精神所在，这片云气一则衬托前景松树的兀立，再则为此图的中心人物的安置创造了一种静谧的气氛。山道曲折，有隐有现，沟通了整个画面，似将观者的视线从前景曲折盘旋而上，直至高而遥远的关隘。一股清泉从云雾弥漫的高处款款流下，时断时续。山道由下而上，清泉由上而下，使全图充满着动感。

当我们的视线从下往上，最后迎着我们的是题识，这由文字组成长短不一的线的图案中，石溪向我们透露了绘画所不可能表达的信息。题曰：

苍翠凌天半，松风晨夕吹。
飞泉悬树杪，清磬彻山陲。
屋古摩崖立，花明倚涧披。
剥苔看断碣，追旧起余思。
游迹千年在，风规百世期。
幸从清课后，笔砚亦相宜。
雾气隐朝晖，疏村入翠微。

路随流水转，人至半天归。

树古藤偏坠，秋深雨渐稀。

坐来诸境了，心事托天机。

时在庚子深秋石溪残道人记事。

在这段带有叙事性质的题画诗中，石溪记述了他沐浴于山水自然之中的适意自在的感受，表达了自己能与大自然达到和谐和默契的满足，表达了他心目中参禅与笔墨的关系。图中小屋两楹，坐落于古树掩映之中，屋前轻岚浮动，山道自此处始，清泉及此处止。在这山水的交汇处，残道人按几而坐，“坐来诸境了”，一了而百了，好一个平和而无欲的境界，石溪正是在这种境界中达到顿悟。他曾说：“残僧本不知画，偶因坐禅后悟此六法。”以禅入画，画中有禅，正是石溪山水画的绝妙之处。

——钱浚

松岩楼阁图（图十七）

纸本设色，纵41.8厘米，横30.3厘米，现藏南京博物院。这幅画反映了石溪绘画艺术的另一种风格，画得大刀阔斧、淋漓挥洒。在构图上，此图用的是截取法，只画了山腰间的一段，下半段让流云遮断了。画中近景的山峦，只露出了山头上的一丛古松杂树以及树下古寺的屋顶。山头后面云海浩瀚，远处天边亦以淡墨抹染出飞动的云影，把天光岚影、云烟动荡的气势表现得非常生动，这正是全画最精彩的地方。画上的山石用的是拖泥带水皴，以大笔淡墨横涂竖抹而成，使人感受到画家奔放的激情与豪迈的气概；又以秃笔焦墨重重地勾画树木和屋顶，笔法苍老古拙，使画面有一种高古深厚的味道。这幅画的上方，髡残写了一段题跋，很好地表达了自己的绘画思想，跋云：

图十七　松岩楼阁图

吾乡青溪程司空，藏有山樵《紫芝山房图》，莱阳荔裳宋观察（宋荦）亦有《所性斋图》，而皴染各不相同，皆山樵得意笔，乃知舞大呵者神变莫测。董华亭谓画如禅理，其旨亦然，禅须悟，非功力使然，故元人论品格，宋人论气韵，品格可学力而至，气韵非妙悟则未能也。尝与青溪论笔墨三昧，知己寥寥，知其解者，真旦暮遇之耳。丁未重九前三日，作于幽栖大歇堂。病眼昏涩，自愧多谬若此。野翁道长先生得无喷饭乎?石溪残道人。

他以王蒙两幅优秀作品为例，说明绘画要不执定法，要用心思考参悟气韵生动的妙理，要重视天性的表露，这种论点很精辟。

——蔡星仪

图十八　层岩叠壑图

层岩叠壑图（图十八）

纸本浅绛，纵169厘米，横41.5厘米，现藏北京故宫博物院。画山峦起伏，层层叠叠，用鸟瞰式一望无际的构图，景致繁复，愈远愈阔。一条山路自下而上，婉转曲折，路旁林中之院落，层层深入，可居可游，令人神往。林木郁茂而不迫塞，笔法浑厚、凝重，善用雄健的秃笔和渴墨，山石多用短披麻皴和解索皴，并以浓墨点苔，显得山川飞瀑、飞云奇松气势雄阔且洒脱多变。更奇奥者，图中前后皆水，远水扬帆，近水微波，委实具有“奥境奇辟、缅邈幽深、引人入胜”的艺术境界。

奇石图册（图十九）（全12帧）

绢本墨画，纵10厘米，横12.3厘米，现藏日本桥本末吉处。

古木竹石题材的绘画，至元代始有新的发展和鲜明的变化。所谓“四君子”画特别盛行，他们强调绘画中的笔墨情趣，通过笔墨来表现个性，借物抒情，其时常以坡石细草作为花鸟的衬景。元代有不少著名画家如柯九思、谢庭芝、顾安等，他们多以“竹石”为主要题材，并常以画石为主，以竹配之，而独以石为图者，实属少见。髡残的《奇石图册》即以石为图，此图之石亦可谓奇矣。此图中之石似石非石，酷似老桩，盘根虬结，干皴渴点，凝重古朴。上题曰：

我说我法，尔点尔头，玲珑一片，几历春秋。

此种画石，实与众不同。是的，我行我素，至于你，点头也好不点也罢。这一片玲珑，是历尽了凄风苦雨的岁月，故其用笔苍劲而浑厚，无半点凝滞。画法以披麻干皴，画出

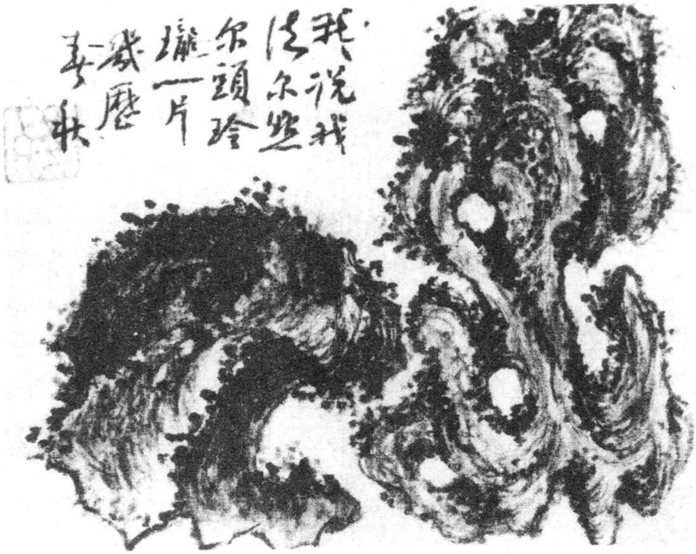

图十九　奇石图册

一块是玲珑剔透，一块是笑口常开，两石一图，各具形态，各有千秋。然石苍苔青，老桩上又呈现出一派生机，周而复始，充溢着禅意，令人浮想联翩，可见是髡残的内心写照。其实，髡残、石涛、弘仁、八大均好画石，而髡残和石涛还特别以石自号。

髡残号石溪。石以其独特的文化意义与中国文人画有着密切因缘，因为画石是磊落屹立、刚直不阿的品格象征。

苍山结茅图（见彩图）

纸本设色，纵89.8厘米，横35厘米，现藏上海博物馆。

此图画一位隐逸的高人在苍翠幽邃的群峰绝壑间结庐隐居的生活情景。冉冉升腾的白云缭绕着苍山翠壑，似乎要封锁入山的路径，把尘世间的凡夫俗子都挡在山外。这云封雾锁的深山邃谷中，只听得猿啼鹤唳，瀑布淙淙，松涛歌啸，这样的景致真如仙境，在这样的环境中生活的隐者简直就是仙人了。试看在曲折迂回的山溪边，一只仙鹤正从松林中走出来，在松林边悠闲地踱步；栏杆围绕着的空庭后，几间草屋依山而列，虚堂上一“高人”正在蒲团上打坐参禅；后院的高楼上，另一位“高人”正推开窗户悠然眺望着那缥渺变幻的白云；屋后，曲径凌空，蜿蜒于白云深处，直通高山更深处的一座古刹半掩着的门前。在这个境界里，人和自然是一体的。谁是画中的主人？是那只悠然的仙鹤，还是那推窗远眺的“高人”？只有那无半点尘世喧嚣的大自然的声与色，才是画家的思绪所在，这种“水流心不竞，云在意俱迟”的境界，才是主题。作者在画上题了一首诗，诗云：

卓荦伊人兴无数，结茅当在苍山路。

山色依然襟带间，山客已入云囊住。

天台仙鼎白云封，仙骨如君定可以。

玄猿夜啸清溪曲，白鹤时依槛外松。

此诗正把画中的意境点明了。这幅画不算大，但看起来却似乎有大画的感觉，很有雄伟的气魄，这种气魄不是借助粗犷豪雄的大笔浓墨来取得的，它的力量是内在的，笔墨沉着浑厚，构图茂密严谨，一气呵成，无懈可击；又善于以中锋勾勒云气和流水，使画面凝重与流动相辅相成，虽层峦叠嶂，但整体感很强。清代画家秦祖永说“石溪沉着痛快，以谨严胜”（《桐阴论画》），是很中肯的。

——蔡星仪

报恩寺图（图二十）

纸本墨画淡彩，纵131.8厘米，横74.4厘米，现藏日本泉屋博古馆。

报恩寺位于南京城南之聚宝山，古称长干寺，是“南朝四百八十寺”中的古刹之一，也是明末清初的佛教活动中心之一。髡残曾在报恩寺之“藏图二十二报恩寺图社”参与校刊《大藏经》，故心有丘壑。此图作于康熙二年癸卯（1663）十月佛成道日。他采用高远透视之法，一目千里，牛首山峰危崖高耸，山形幽深空灵。流云飞瀑、密林屋舍，顺着山道盘曲回绕，草木郁郁葱葱。远眺报恩寺背依长江，寺中八角九层琉璃塔，高耸于殿堂佛阁之间。长江中远帆点点，入江之河口，水榭屋院建于山麓，半山道上牌楼、殿堂，入寺有道可循，层层分明。近景的小河上，架一石桥，一老者行走桥上，飘然似仙。原图藏于日本，从复印图来看，其构思非常成熟，笔法严谨认真，多以细点秃笔皴山画石，点缀勾提，显示出一种繁茂、静谧的

图二十　报恩寺图

气氛。仔细赏之，其意境神韵均耐人咀嚼。

综观整幅构图，一半是画，一半是大段题跋，貌似满铺，实质空荡。跋中感慨有二，其一，做人不能懒惰和自暴自弃，要以“君子以自强不息”的精神，干一番事业；其二，要多行善做好事方得人崇敬。纯属即景抒情，有感而发。这种写实创新之艺术境地，道出了髡残绘画艺术的真谛。

六六峰图（图二十一）

纸本浅绛，纵108厘米，横48.3厘米，现藏美国克利夫兰艺术博物馆。

此图作于康熙二年癸卯（1663）年秋日。髡残取平远之法，用干秃劲健之笔，画一高峰扑面而来，其峰峭壁如削，岩瀑则落千仞，在瀑布中段凌空架屋，构思奇妙，气势壮观，极富动感。中景的林木丛中，掩映着茅屋数间，屋中坐一高士，凝神读书，可能是自我写照，其境界之佳，令人神往。茅屋后有芭蕉，左右勾点出簇簇密林。瀑布流向屋后，复向外直泻，与崖隙之泉相遇，汇成小溪，潺潺若响。溪上架着较长木桥，樵者行其上，似过桥入山，悠然自得。近景巨石兀立，古树从石隙中迸出，盘根错节，更显得挺拔苍郁，生机勃勃。综观此图，布局谨严巧妙、动静交错。图中兀石崇冈巍峨宁静，瀑布溪流又直泻奔荡，这一静一动，使得情跃景活。这正是由于髡残出生在武陵之源，游居黄山又达一年有余。暑往寒来，危坐山林，终日纵目四顾，悉心观察大自然的阴晴朝暮，从千岩万壑，领略山川之胜，在真山实水里悟出六法之气韵，故胸中之丘壑，成为纸上之山水。

图二十一 六六峰图

明末董其昌曾说过：

以径之奇怪论，则画不如山水，以笔墨之精妙论，则山水绝不如画。

综观此图技法，笔墨之精妙，明显地融入宋、元诸家之长，其构图与巨然的《万壑松风图》相仿佛，干皴干擦，似沈周之笔，枯中显湿，干中显润，杂树茅屋具有倪云林之寂气，又夹以文徵明《古木苍烟图》之韵味，妙哉！髡残将传统精华与大自然揉化，创造出如此出神入化的境地，其艺术感染之深，实令后人赞叹不已。

游山叩宇图（山水画册）（图二十二）

纸本墨画淡彩，纵31.8厘米，横64.5厘米，现藏美国纳尔逊艺术博物馆。

此图系笔者根据图上款跋“游山忘岁月……同来叩梵宇”两句，取其前二字与后几字合成题名。此画开阔平远，近景浓墨画山麓溪流，山坡杂树丛丛，一排山峦挺立湖前，树丛中寺院之庙门、围墙、殿宇隐约可见。树丛中一高士，头戴笠帽，与一指向梵宇的老者，曳杖而行，对面交谈，似乎说：“快到寺院了。”人置丛树中，并不突出，但处于画之中心，点出了跋中所题“同来叩梵宇”之意。远景是一片湖水，对岸群山远岫，烟树迷蒙，山环水曲，再近处是一座小桥，推向山中庙宇，过桥后，两巨石蹲分，托出坡涧，其景其境，显得异常典雅清新。

图中山峦与溪流、高士与庙宇，显得静动相映，使寂静的山野更加空灵杳冥。近景处的山下是水，这三面水一座

图二十二　游山叩宇图（山水画册）

山，幸有一桥相连，一径相通，蜿蜒深入，并渐渐消失在深山雾气之中，创造出出尘的禅境。

髡残画山水，曾学巨然、王蒙和黄公望等，具有深厚的笔墨功底，且学有心得。其干笔皴擦，极示高远之致，对以后山水画的发展，产生一定影响。

结社林泉图（图二十三）

纸本墨画淡彩，纵120.1厘米，横61.4厘米，现藏日本泉屋博古馆。

此图画山居清趣景色，山峦繁复，树石皆蓊郁有致。山腰崖间有茅屋数间，屋后烟云瀑布，直泻而下，急转迂回，绕至屋前，与涌泉汇成河流。近山中有屋榭两重，水榭窗前，有两高士临水而坐，高谈阔论。下图河水粼粼，林木响动，益发显得此山之苍郁葱茂。远山淡抹，颇有层次。山中白云缭绕，托出远景湖山，湖中白帆点点，境界辽阔。

此画构图以左上部为主峰，使得作品既有平远，又有高远之感。图中丛树遍坡，可尽览秀色，这种山村野景，正是隐士、高士所神往的安居之处。水边水中山石嶙峋，两山间架一石桥。河中小艇顺流而下，一高士头戴笠帽，手拨船桨，端坐船头。这种山家野趣，与其他山景图相比，可谓“棋高一着”“超然不凡”。

图二十三　结社林泉图

此图笔墨技巧较多取法王蒙，图中坡石山峦，均用干笔层层皴擦，浓淡相宜。点笔竖卧交织，也有些皴勾之笔则含黄公望笔意，坡石上的树丛及树干，是以中锋湿笔略勾，树叶有双勾或用浓淡相间的大小混点组合，显得葱郁沉厚，乱头粗服，表现出画家清静超脱的心怀。这幅山居野趣图，实是髡残的清新世界。

云洞流泉图（图二十四）

纸本浅绛，纵110.3厘米，横30.8厘米。

此图近景髡残在突兀的巨石中，画大树两株，以秃笔作主干，中侧锋并用，转折聚散，经营讲究。再夹以叶丛，显得茂密。在瀑布溪流汇合处，置松溪草阁数间，云岭洞泉之水，经阁底流向小河，点出清幽之境。远景则山峦重叠，中间云锁山腰，层次分明，满而不塞，幽深而空灵。至高点画一峰顶天，白云深处，隐现有茂林屋舍，右山中也有人家，一排小屋显现于山坡烟岚之中。山径瀑布或隐或现，近处似闻潺潺水声，响彻寂静的山林。整个构图，密中求疏，繁而不乱，疏而不散。丛林杂树，参差于山环云抱之中，疏疏朗朗，岗峦小径通幽，溪水奔流清澄，水光山色，凌虚

图二十四　云洞流泉图

缥缈。“巢居此中老”寄托了画家沉湎于山水田园的淡泊心境，故其自题云：

端居兴末索，觅径恣幽讨。

沿流戛琴瑟，穿云进窈窕。

源深即平旷，巘杂入霞表。

泉响弥清乱，白石净如扫。

兴到足忘疲，岭更溪更绕。

前瞻峰如削，参差岩岫巧。

吾虽忽凌虚，玩松步缥缈。

憩危物如遗，宅幽僧占少。

吾欲饵灵砂，巢居此中老。

甲辰仲春作于祖堂。

此图成功地运用了画家“简秃干皴”之法，笔触浑浊、苍劲。

山背阴影湿润，枯润融谐，相得益彰，树叶点染，由淡至浓，高低错落，云烟流荡，表现出宇宙大气中的大自然生命永存之感。

溪桥策杖图（图二十五）

纸本，水墨浅绛，小幅，现藏苏州博物馆。此图是髡残绘画中少见之作，异乎平常。图中墨色较重，黑气较浓，苍茫浑郁。近处的两株大树，遮山蔽石，树叶有勾有点，枝干转折，清晰分明，聚散俯仰，变化多姿。树根处画一较长木桥，架于溪流乱石之上。有一老人，头戴斗笠，策长杖立于桥上，凝神观赏溪水急流。上画大山覆盖，巨石重叠左右，沉着稳重，其皴擦点染，皆用阔笔，反复积累，浑厚苍茫。大石山头，用浓淡笔竖排点，擦衬石形，极富光感。溪水从山涧中滚滚而出，流经桥下，显出浓墨凝重中的空灵，颇具

图二十五　溪桥策杖图

生意。这幅画是髡残在五十八岁时画给青溪的。

石溪与青溪经常谈经论画，他在此图的跋中述学古人不能与古人一样，要有创造，要有自己的面貌。所以，此图结构章法、笔墨挥运，皆不拘一格，任意抒发。故其艺术在其后的三百多年里，影响很大。

第四节　髡残论画辑要

按《常德府志》记载：髡残著有《浮查诗文集》传世，还有其法徒山足兴斧曾为师刊刻的《髡残禅偈》一卷，《大歇堂集》六卷，惜皆散失，谜乎？失乎？尚待后人发现。因此，对其论画，只能是从髡残之题记和诗跋中概述。

其论画可分三类：

（一）髡残视绘画为奋斗之事业

髡残之爱画，既非以笔墨遣情为趣，更非因安闲自在之情。他爱画的宗旨是以作画为干一番事业，这是无人可与之相比的。从他的两幅画题记中就说得非常鲜明。髡残在《报恩寺图》上题云：

石秃曰："佛不是闲汉，乃至菩萨、圣帝、明王、老庄、孔子，亦不是闲汉，世间只因闲汉太多，以至家不治，国不治，丛林不治。"易曰："天行健，君子以自强不息。"盖因是个有用的东西，把来握握凝凝自送灭了，岂不自暴自弃哉！……公居祖师，殿见倒塌，何忍自寝安居，只此不思安居一念，廓而充之，便是安天下人之居，便是安丛林广众之居。

又《溪山无尽图》卷题云：

大凡天地生人宜清勤自持，不可懒坠，若当得个懒字，便是懒汉，终无用处。如出家人若懒，则佛相不得庄严，而千家不能一钵也，神三教同是，残衲时住牛首山房，朝夕焚诵，稍余一刻，必登山选胜；一有所得，随笔作山水数幅，或字一两段，总之，不放闲过。所谓静生动，动必作出一番事业，端教作一个人立于天地间无愧。若忽忽不知，惰而不觉，何异于草木？

由此可见，髡残的积极作画，就是干一番事业，他不允许自己闲散消极，而要做一个“立于天地间无愧”的人。他还说：

画者，吾之天游也。志不能寂，索之残煤短楮之间。（见髡残《山水册》自题，现藏上海博物馆）

所以，他作画的倔强个性，就是要创造出一个不受拘束、勤奋广阔、幽奥、清新的艺术境界。

（二）髡残学画，是以临古为主导

髡残在《四景山水册·春景》中自题云：

画必师古，书亦如之，观人亦然，况六法乎？

他还从临古中悟得书画同源的妙理，如他在《程青溪山水图》上题云：

……书家之折钗股、屋漏痕、锥画沙、印印泥、飞鸟出林、惊蛇入草、银钩虿尾，同是一笔。与画家皴法，同一关钮。

（见《虚斋名画录》卷十）

髡残在《溪桥策杖图》上又题云：

抽画虽不及古人，亦不必古人可也。

从这三段题记可见，髡残认为，学画应先从习古入手，还要习书法，懂书理。但不可泥古，不必古人可也。这就是中国画的传统内涵，中国画就是在不断变革、创新中向前演进的。它也是一个民族表现在文化艺术上，历史地、自然地形成的精神素质。髡残的习画，就体现出这一传统的内在结构，故能使中国画生命长青，千秋不衰、万年不败，因为它已自成体系，其积累是丰富和宝贵的。其笔墨的内在规律，虽不断变化，但精神不移。因为它最终应该是出自作者的性情和胸臆，是从内心流出的火花，极具作者的个性。而笔墨又是书与画的结晶，书与画又是同源不同流，书画分道以后，都各自以其独特的发展规律，形成了自己的个性和面貌。正是由于它的渊源关系，至今在很多画中有书的笔法，而在不少的书中，又有画的印记。因为中国书与画的基本构成因素，都是点、线、面的结合体，以其组合来表现出作品的艺术感染力，并表现出作品的层次性、含蓄性和审美情趣。

（三）宗师造化，自有我在

髡残在《为青溪居士作山水册》之四自题云：

丙午深秋，青溪大居士枉驾山中，留榻经旬，静谈禅旨及六法之微，论画多精髓者，必多览书史，登山穷深，方能造意。

髡残又在《山高水长图》中自题云：

余住黄山时，每四序之交，朝夕晴雨之变，各得奇幻之妙，令人难以摹想。此作山高水长图，盖常见天都山里，处处峰插青天，泉挂虹霓，故有是作。至曲折细微之奥，岂笔墨所能尽也哉！

（图藏台北“故宫博物院”）

髡残还在《天都溪河图》中题云：

尝与青溪读史论画，每晨夕登峰眺远，益得山灵真气象耳。……余归天都，写溪河之胜，林木茂翳，总非前辈所作之境界耶！

（香港刘作筹藏）

可见髡残之宗师造化，又能自有我在，“总非前辈所作之境界耶！”他要另辟蹊径，“登山穷源，方能造意”是他艺术实践之经验，然而他还未满足，他叹曰：

尝惭愧这只脚，不曾阅历天下名山；又尝惭此两眼钝置，不能读万卷书，阅遍世间广大境界；又惭两耳未尝记智者教诲。

（见《为樵居士作物外田园书画册》第六开自题）

髡残的一生，是以参禅与绘画为追求的一生，他刻苦勤奋，集诸家之长，再以真山真水为本，力创新作。其画境、奥境多变，草木华滋，烟云弥漫，气象万千。其所绘之黄山，已非现实之黄山，而是他自己胸中之巨壑，境界幽深，苍茫朴茂。髡残所创造的特色，是一个广阔的可供精神自由驰骋的艺术殿堂。

第五节　画史上的四称谓

在中国绘画史论中，与髡残相关的有四个称谓：

一、“二溪”（即石溪与青溪），

二、“二石”（即石溪与石涛），

三、“三高僧”（即石溪、石涛、弘仁），

四、“清初四画僧”（即石溪、石涛、弘仁及八大山人）。

现分述如下：

一、“二溪”

髡残号石溪，程正揆号青溪。他们系湖广同乡，且又同善书画同信禅学，相交莫逆。“二溪”之称，首先是龚贤在给周亮工题程正揆山水册页中说：

今日画家以江南为盛，江南十四郡以首都（指南京）为盛。郡中著名者且数十辈，但能吮笔者奚啻千人……金陵画家能品最夥，而神品、逸品，亦各有数人，然逸品则首推二溪，曰石溪、曰青溪。石溪，残道人也，青溪，程侍郎也。皆寓公。

又明季诸生，入清不仕的文人杜濬，在《变雅堂遗集》中说：

吾楚有诗（指公安派、竟陵派诸人），直至今日，突出两人。一为石溪禅师，一为青溪太史，仆前后见其巨幅长卷，云峰石迹，迥绝天机，原本古人，师友造化，未尝不叹为神品，不知何以不出画家则已，一出便到恁地？

这可见当时的金陵画坛，早将“二溪”并称。

据《石溪小传》载述，当髡残坐关时，任何人不得干扰。有一次，程正揆破门而入，两人瞠目大笑，于是“共榻连宵，畅谈不倦”。程正揆又将髡残拉出关去洗浴，一起扶杖出游，全寺的僧人，都感到惊异。青溪还把他和石溪的交往称作“牛首双峰竟成虎溪三笑矣”。

有时髡残进南京城里，也常住在程正揆家，二人常谈论和鉴赏书画，赋诗作画，故在髡残的画上时有程氏之题，在程正揆的画上也时有髡残之跋，还有两人合作之画传世。程正揆，初名正葵，字端伯，号鞠陵，又号青溪，生于明万历三十二年（1604），比髡残大八岁。在明代官至尚宝司卿，负责掌管皇帝的玉玺符牌等。北京陷清后，他在弘光小朝廷，又官至右庶子兼翰林院侍读。顺治二年（1645），清兵南下，程正揆降清，至顺治十二年（1655）又官至工部太侍郎。顺治十四年（1657），终于以“湎淫荡检，有玷官箴”被罢官还乡。从此他把三十五年的官宦生涯看成是醉梦一场。如他在《江山卧游图》后记中题道：

升沉仕路，如上竿之鲇；生死患难，如妇城之鹤。

于是，他参禅礼佛，寄啸山林，游览庐山、黄山等名山大川。他在《题文伯仁人间异境图》中写道：

足迹尽天下名山，眼界尽古人神髓。

他是董其昌的学生，但对董其昌的“读万卷书，行万里路”做了发展。他在南京，常和石溪、龚贤、查士标、张怡、方成亨以及他远房侄子程邃等往来，谈禅论佛，赋诗作画，研究老、庄，讨论画理。他住在南京秦淮河的青溪上，因此自号“青溪”。他在《惷伍禅师字卷》后记题云：

程子住青溪之上，构屋三间，虚中坐客，旁置几案，列残书教卷，随手过目，以半间供西方圣人。侧有曲巷，设榻为齁睡地。前后广数亩，种梧、竹、松、梅之属，夏可避日，冬可抵风，又植黄葵红叶数百茎以状秋色。

髡残来南京城里时常住于此。青溪在《与石溪和尚论庄》的信中述：

一部“南华经”离奇反覆数万言，关捩在蝴蝶上，庄周生平受用，亦只在栩栩二字，仍是说梦，到此即欲不作梦说不可也。

青溪对石溪的为人及画学亦极敬佩，他在题记中曾述：

石公作画如龙行空，虎踞岩，草木风雷，自生变动，光怪百出，奇哉！

又云：

每以笔墨作佛事，得无碍三昧，有扛鼎移山之力，与子久、叔明驰驱艺苑，未知孰先。

可谓推崇之至。康熙五年（1666）秋，程正揆入山去看望髡残，髡残为他画了四幅山水，并题云：

丙午深秋，青溪大居士枉驾山中，留榻经旬，静谈禅旨及六法之微，论画精髓者，必多览书史，登山穷深，方能造意……余向尝宿黄山，见朝夕云烟幻景，林木翳然，非人世也。居士遂出端本堂纸册四幅，随意属图，聊记风味云耳。居士当喝棒教我。

可见他们两人往来之深。

程正揆在绘画创作中，多以《江山卧游图》为题。周亮工在《读画录》中述：

尝欲作卧游图五百卷，十年前，予已见其三百幅矣。

青溪程正揆从顺治六年（1649）开始到康熙十三年（1674），就已画了《江山卧游图》四百三十五卷，他每卷都标明序号，这是他的创举，古今少见。他早期之画，用笔柔软，画面空灵。后期之画线条骨骼清硬，笔情纵逸，格韵高古，自成一家。秦祖永在《桐荫论画》中评其画："笔情纵逸，风韵萧然，真士大夫笔墨。尝见其论画云：……惟其画理，故能造微入妙如此。"可见他的素养是多方面的，他对诗文、书法、绘画、鉴赏、弈棋等，无所不通，故龚贤谓当代画家首推石溪和青溪。笪重光在《江上画跋》中述："本朝画法，必以青溪为第一。"王士祯在《蚕尾集》中说："唐宋元明以来，士大夫诗画兼者，代不数人，青溪先生晚出，两俱擅场，诗与画皆登逸品也。"

由此可见，"二溪"之并列逸品，并不是偶然的。龚贤在《集名家山水册》中说："残道人画粗服乱头，如王孟津书法；程侍郎画冰肌玉骨，如董华亭书法，百年来论书法则王董二公应不让；若论画笔，则今日两溪又奚肯多让乎哉。"又说："然逸品则首推二溪：曰石溪，曰青溪。"这里，龚贤所指逸品，主要是指不大寓有教化职能，而自娱审美的成分较多，所谓"殆不可言语形容矣"。方成亨亦说：

逸者，轶也。轶于寻常范围之外，如天马行空，不事羁络为也。亦自有堂构窈窕。禅家所谓教外别传，又日别峰相见者也。……岂士人画尽逸品哉！

（见《读画录》）

他们两人亦为至友，今从现有的资料看，髡残与程正揆交往是在程被清廷罢官返回金陵以后。这时，髡残早已成为被名僧器重的禅师，而程正揆是在宦途失意后开始求禅学佛的。程氏家藏的古书画亦颇丰富，对画理之见解亦精辟，这样就吸引了髡残，他们在参禅论画的兴趣一致的基础上，建立了深厚的友谊。用石溪之话说：

意有所及，梦亦同趣。

可见他们志同道合，相互影响亦深，故“金陵二溪”在中国绘画史上，一直占有较高的地位。

二、“二石”

关于石溪与石涛，秦祖永在《桐荫论画》中评说：

清湘老人道济，笔意纵恣，脱尽画家窠臼，与石溪师相伯仲。盖石溪沉着痛快，以谨严胜，石涛排奡纵横，以奔放胜，师之用意不同，师之用笔则一也，后无来者，二石有焉。

石涛（关于他的生卒年说法不一，根据《石涛生卒新订》是1642—1705），俗名朱若极，法名原济，小字阿长，字石涛，号大涤子、清湘陈人、清湘遗人，晚号瞎尊者，自称苦瓜和尚，广西全州人，明藩靖江王朱守谦后裔。父朱亨嘉于明亡后在桂林自称“监国”，后为南明两广总制丁魁楚和广西巡抚瞿式耜所杀，时石涛仅五岁，他家的仆臣带着他逃到武昌，后出家为僧，方得以生存，故法名原济。尔后他又云游四方。康熙十六年（1677），石涛写过一首《钟玉行先生枉顾诗》，诗中提到这场同室操戈的悲剧。

诗云：

板荡无全宇，论桑无安澜。

嗟予生不辰，龆龀遭险难。

巢破卵亦陨，兄弟宁忠完。

百死偶未绝，披缁出尘寰。

既失故乡路，兼昧严父颜。

再望仿梦魂，恒焉抱辛酸。

石涛在湖北曾画过一套《人物山水花卉册》，其中有一幅是描绘明惠宗朱允炆时的御史叶希贤出家当和尚，浪迹江湖，于船头诵读《离骚》的情景。并题云：

落木寒生秋气高，荡波小艇读离骚。

夜深还向山中去，孤鹤辽天松响涛。

这幅画十分清楚地表现出石涛对南明政权内部争斗的不满。叶希贤被迫为僧，不读佛经读离骚，这也是石涛的自我写照。

康熙三年（1664）石涛离武昌，经庐山入浙西，拜松江旅庵本月为师，传授佛学，并按禅师教导，通过周游八极去探索佛门哲理。康熙五年（1666）石涛来到安徽宣城一带与梅清、戴本孝等交往。流寓宣城十多年后，中年与师兄喝涛住南京一枝阁，别号“一枝叟”，他到南京后结识了髡残。从此，石涛的画名日渐提高。这时清朝的统治亦趋于绝对稳定，他对南明政权的争权夺利、同室操戈依然相当怨恨，但对当时世俗的功名心理有所滋长，加之其师旅庵本月亦曾受到顺治的接见和表彰，因此，康熙二十三年（1684）皇帝南巡南京，石涛在长干接驾。康熙二十六年（1687）皇帝南巡到扬州时，石涛又在平山堂再次接驾，并奉献《海晏河清图》。康熙二十九年（1690）他接受了辅国将军博尔都、大司农王隲之邀，到北京做客三年，晚年定居扬州，对后来的扬州画派与近代画风，影响极大。

石涛在《山水册》中曾对石溪、青溪做过评价云：

此道从门入者，不是家珍。而以名振一时，得不难哉！高古之如白秃、青谿、道山诸君辈；清逸之如梅壑、渐江二老；干瘦之如垢道人；淋漓奇古之如南昌八大山人；豪放之如梅瞿山、雪坪子，皆一代之解人也。

（现藏美国洛杉矶博物馆）

三、“三高僧”

郑昶在《中国美术史》中评述：

明季之乱，士大夫的高洁者，常多迹佛氏，以期免害，而其中工画事者，尤称“三高僧”。即渐江、石涛、石溪；渐江开新安一派，石溪开金陵一派，石涛开扬州一派，画禅宗法，传布大江南北，成鼎足而三之势，后人多奉为圭臬。

黄宾虹在《古画微》中评述：

三高僧者，曰渐江、石溪、石涛，皆道行坚卓，以画名于世。明季忠臣义士，韬迹缁流，独参画禅，引为玄悟，濡毫吮笔实繁有徒；然结艺精通，无以逾此三僧者。

又，黄宾虹在《渐江大师事迹佚闻》中评云：

渐师与石溪、石涛同时为僧，以画名世，人称三高僧。渐师清逸，石溪整严，石涛放纵。揆诸笔墨，备有专长。……石溪少时剪发为僧，至金陵受衣钵干浪杖人，住牛首山，多病幽栖，闭关掩室，一铛一几，偃仰寂然，动逾岁月，即会众罕见其面。自谓老来通身是病，废去笔墨若干年，奄奄一息，又不健饭，米粒入口可数。其画固不可以多金取，然当日酬应周栎园、程青溪之求者，不一而足。轩冕中人犹不免踪迹其他。甲申间，避兵桃源深处，仅云三月。经游之处，似少于石涛。然而坠石枯藤，锥沙漏痕，能以书家之妙，通于画法。石溪、石涛，咸多心得，不落凡庸。……无怪乎近人动谈石涛，而仿效石溪，稍稍罕见。至于渐师，已无有称述之者。且就三高僧之真迹观之，笔墨之法，皆无歧异；渐师画黄山，石溪画牛首山，石涛画粤湘诸山，面目不同，而章法殊矣。功候纯全，学养并至，空前绝后，戛戛独造。

渐江（1610—1664），俗姓江名韬，字六奇，一名舫，字鸥盟，出家后法名弘仁，号渐江，又号无智、梅花古衲等，安徽歙县人。少孤贫，以佣书为生，事母至孝，母死后，可能由于他过于哀痛并感国事之是非，便“绝意婚宦”一生未娶。（见殷曙《渐江师傅》）顺治二年（1645）明室倾覆后，他随老师任无涯同赴福建，依附南明唐王政权。顺治三年（1646）清兵入闽，唐王失败，他便遁入武夷山中，皈依古航禅师，削发为僧，法名弘仁，后遨游于山水之间，数年后返回歙县，住披云峰下的太平兴国寺或五明寺之隆观轩。渐江经常往来于黄山、白岳之间。他自幼爱文学，又肆力于绘画，游踪曾至南京、芜湖、扬州等地。画受元代倪瓒影响极大。他敏感地体察到社会的大变乱，故散尽家财，流浪于五湖三泖之间，以孤独之心情向大自然寻求慰藉。故其画以瘦劲简洁之笔墨，成功地创造出萧条淡泊之境。他虽取法于倪瓒，但亦出于倪瓒，少荒寂之境，而多清新之意，能真实地表现出山川之美和新奇之姿。弘仁又以他画黄山著名，“得黄山之真性情”，后人又将他与石涛、梅清等划为“黄山画派”中的代表。他曾在《画偈》一诗中云：

倪迂中岁具奇情，散产之余画始成。我亦无家宜困学，悠悠难免负平生。

弘仁的一生，悲天悯人。有诗云：

先期一日弄寒烟，乞与贫家度腊钱。

又有记述云：

师告逝前一日，尚手作二画，以贻贫音。

（见汤燕生《哭渐江》诗）

“新安自渐江以云林法见长，人多趋之……是亦一派也。”（见《浦山论画》）故画史上称弘仁、汪之瑞、孙逸、查士标为“新安四家”，亦称“海阳四大家”。

渐江与髡残、石涛，他们同为遗民，又同为和尚，又同为画坛大师，其画风在三僧常居之地新安、南京、扬州等，产生了极其深远的影响和作用。

四、“清初四画僧”

综观中国绘画史资料，又有将髡残、石涛、弘仁、八大山人合称为“清初四画僧”的。八大山人与石涛一样，同出身于明朝宗室。八大山人为江西宁献王朱权的后裔，俗姓朱名耷，本名统𨨗。入清后隐其姓名，其别号很多，有个山、雪个、传綮、刃庵、驴屋、卧虎文，以及法崛、纯汉、綮驴袦、弘选等。其本名是从后世学者《朱氏分支宗谱》中得知。其字、号也是历经变化的。他生于明天启六年（1626），卒于清康熙四十四年（1705），清顺治五年（1648）削发为僧。其作品多署“八大山人”，形似“哭之、笑之”的意思。因为他一生坎坷，明亡以后，满怀悲愤之情，深受刺激，故由口吃而佯作哑巴；又由于长期积忧抑郁，精神癫狂，“初则伏地呜咽，已而仰天大笑，笑已，忽跿跔踊跃叫号痛哭，或鼓腹高歌，或混舞于市，一日之间，丑态百出。”（见陈鼎《留溪外传》）。八大山人曾为进贤灯社的主持，随他研讨佛学的信徒很多，所以颇受人尊敬。其绘画艺术之倾向，大多缘物抒情，用象征手法来表达寓意。或借暧昧之隐喻和难解的偈意来表达其超脱或发泄之情绪。

其画着墨不多，形象夸张脱略，善将物象人格化，所画鱼鸟，每以“白眼向人”。如康熙二十九年（1690）所作《牡丹孔雀图》，图作丑陋孔雀二只，尾拖花翎三条，立于不稳之石，以比喻讽刺清王朝。作品极富鲜明的个性，后人评其艺术已达到“笔简形赅”“形神毕具”的境地。

这四大画僧在当时的画坛上都享有盛名。其生平经历和艺术境界，都各有不同的悲剧性的审美观。其中八大山人和石涛同是明宗室后裔，明亡后被迫为僧，而髡残和渐江，均系明末遗民，入清后出家，作画参禅。四僧各有不同之处，在感情上，石涛并不像八大山人那样怀有亡国之痛，髡残与渐江也不完全置身于六根清净之境，故反映在他们各自不同的画风上。石涛的境界显得宽广、冲动，而髡残的艺术境界则显得奇辟、幽深。渐江的境界显得冷逸、傲世，只有八大山人的艺术境界显得消沉、神秘。但他们在艺术上又有共同点，如他们皆法宗元四家，兼取董其昌等；他们都重视学习传统，可又不为摹古之风所染；他们都拒绝因循相袭而又独辟蹊径，大胆创新；他们皆主张师法造化，而又都“不役于物”。正如石涛所说：“不定一法，是我宗也；不舍一法，是吾旨也。”他们这种既重视传统而又积极创新之精神，为其后的“扬州八怪”和现代绘画开辟了“笔墨当随时代”之路。他们在清初画坛的画风中，开发出一股新的潮流。

此外，他们在中国文人画方面，更完善地以禅理去观察自然、理解自然、凝练自然，将禅境和禅意渗透画中。但他们对佛学的研究和贡献，均无建树，故有人认为与其称之为“清初四大高僧”，不如称为“清初四画僧”好，因为他们在以往的三百年里，其艺术的魅力万古长青，其艺术之审美价值则凝积着深厚的中华民族传统文化精神，对中国绘画的发展，上承前修，后开来者，其独到之处影响之大，堪称为一代绘画大师。

第六节　髡残绘画艺术对后世之影响

明季之乱，士大夫的高洁者，常多迹佛寺，以期免害，而其中工画者，尤称“三高僧”，即渐江、石溪、石涛。渐江开新安一派，石溪开金陵一派，石涛开扬州一派，画禅宗法，传播大江南北，成鼎足之势，后人多奉为圭臬。（见郑昶《中国美术史》）

评述中对“石溪开金陵一派”和渐江成为“新安四家”之首，与石涛成为“扬州八怪”奠基者不同，后人将龚贤列为“金陵八家”之首。石溪与龚贤的画均有许多独创之处，有着相当高的艺术技巧。龚贤曾推举在金陵画坛上，“二溪”之作可称逸品，“金陵八家”中除龚贤外，似乎无一可与髡残并列。髡残有他独特的身世，在其人生观上虽有愤世嫉俗的反抗一面，但他最后终是遁入空门，消极颓唐，所以其画给人一种出世隐遁之感。龚贤则不同，他在晚年还关心着民族复兴，他没有完全陷入出世的生活之中，其画虽表现有一种隐士的生活情调，呈现出一种寂静的境界，但这种寂静并非给人以萧索冷漠之感，而是给人在自然中所获得的一种愉快与平静，激发人们对逝去的和平生活的留恋和追怀。且“金陵八家”大都是复社名士，如樊圻、吴宏、高岑等。当然八家中除龚贤外，都未达到卓然成家的水平。所谓“金陵八家”，并不是一个有着共同画风和师承的画派，不过是在当时有名于南京画坛的八位画家的总称。同时，孔尚任之《桃花扇》一剧，所写的全部历史，都是龚贤在南京亲身经历并参与的，龚贤对该剧的最后完成，起了一定作用。加之龚贤课徒亦多，其交往和影响大于髡残。但郑昶说“石溪开金陵一派”，亦不无道理，因为当时石溪在金陵画坛上是很有影响的，其影响甚至直至近现代画家。

清代绘画，“四王”、吴、恽，所作多为瑰丽山水或繁茂的花卉，他们提倡传统的笔情墨趣，得到皇帝的赏识，追随者甚众。如在“四王”后还有“小四王”（王昱、王愫、王玖、王宸），接着还有“后四王”（王三锡、王廷元、王廷周、王鸣韶），皆承“四王”余绪，形成画坛的主要势力。其时“四大画僧”的标新立异，以及被视为“异端”的“扬州八怪”的兴起，直至乾嘉以后，金石学的突发，碑碣的大量出土，又出现了师法碑刻书法的新风尚，而提倡绘画应“以元人笔墨，运宋人丘壑，而泽以唐人气韵”的仿古之风，终于从生机勃勃到回光返照，直至逐渐消失。

“金陵八家”中，樊圻、邹喆、吴宏、叶欣、胡慥、高岑、谢荪等，均善山水，且亦长于花卉，他们都得力于宋、元诸家，而自出机杼。其中以胡慥所画之山水，苍莽浑厚，高岑之山水其幽情逸趣均迹近髡残，用笔精到，备见神妙。程正揆曾题髡残画云：

山人黄鹤老山樵，三百年来竟寂寥。

意指王蒙之后，三百年来只有髡残发扬其法。继髡残以后，受其影响而力追王蒙画法的，有董邦达，每以文人雅士隐居山野，啸傲林泉，突出表现“卧青山，望白云”之意趣。还有张庚、奚冈等，他们都善用干笔皴擦，画山石又多用牛毛皴，画丛丛杂树，郁郁苍苍，缀以策杖老者，或草堂读易等，他们的画多隐情逸趣。至清末之吴石仙至现代之冯迥、黄宾虹、张大千等，均

图二十六　松岩楼阁图

画山水，其笔法均得力于王蒙，醇厚苍劲。冯迥尝自题云：“放笔写山樵。”其画苍茫厚逸，亦有髡残之影。

现以黄宾虹之《峨眉道中图》与髡残之《松岩楼阁图》相比，其笔墨何其相似。图二十六为髡残之《松岩楼阁图》轴，笔墨苍茫洒脱，屋舍树丛，崖石凝重。图二十七为黄宾虹之《峨眉道中图》，这幅画是黄宾虹晚年七十五岁之作，画秋风萧瑟、山间屋舍、泉流坡崖、小桥曲径、秋树烟云，景物丰富而层次疏简。远山若隐若现，山色恍恍惚惚，其大虚大实、大静大动之格局，两图相似无异。黄宾虹之技法，得力于程邃、弘仁以及髡残等，但也兼法宋、元各家，其所作山水，洗练凝重，遒劲有力，浑厚华滋，气势磅礴。他在

图二十七　峨眉道中图

图二十八　晚山看云图

前人的基础上，创造和发展了黑、密、厚、重的画风。

图二十八为张大千之《晚山看云图》。此图在近年来的书画拍卖活动中，标价之巨，是首屈一指的，并被公认为传国传家之鸿宝。谢稚柳先生评其画云：“画法则是用清初四画僧之一的石溪笔意。但石溪纯以苍茫浑沦见长，大千此图则于苍浑之中透出明洁灵动的秀逸之气。在构图上，也一变石溪的密集压抑而将景物与景物之间的距离拉开，云蒸霞蔚，群山绵亘，天高水远，境界开阔，给人以疏朗空旷的审美感受。……尤其他对传统的心印，从中可以看得最为清楚。”（见《文汇报》1993年6月6日）

例不再举，总之，髡残山水画之技艺和精神对后世之影响，将会永久、永久。

附录（一）诸家评述辑要

“髡”是古代一种剃去头发的刑罚，“髡残”者意是剃去头发的残人也，此乃笔者浅见。髡残从事绘画创作的大部分活动时间是在南京度过。当时南京是明王朝的南都，交通发达，经济繁荣，文人荟萃，庙宇林立。髡残既是出家和尚，又是画家，在当时南京的画坛上，早享盛名。程正揆有诗云：

石公慧业为超乘，三百年来无此灯。

入室山樵老黄鹤，同龛独许巨然僧。

这诗说明了髡残之艺术主要是受“元四家”及董源、巨然的水墨山水画影响，而对王蒙则更为偏重。王蒙亦直窥董源、巨然之法，落笔精微，布局巧妙，结构茂密，层叠无穷。其设色古雅、活泼妍妩、蓊郁深秀、浑厚华滋之特点，多为髡残所继承和发展。故髡残写山石树木、浅水遥岭等景物，善用秃笔和渴笔，又长于干笔皴擦，追求“自然天趣”，提倡“素净为贵”，创造出景物茂密、苍莽流润、境界奇辟、气韵浑厚的一种独家风格。髡残常说："残僧不知画，偶因坐禅后悟此六法。"故"以禅入画，画中有禅"亦是他作品的妙处。

由于髡残绘画造诣之高逸，因此在诸家评述中，评他与青溪程正揆并称"二溪"，与原济石涛并称"二石"，又与弘仁、石涛合称"三高僧"，再加上八大山人，又合称"清初四大画僧"。四称谓中，皆列入髡残，可见其地位显赫。现录部分评述如下：

周亮工栎园《读画录》载云：

石溪和尚名髡残，一字介丘，楚之武陵人，幼而失恃，便思出家。一日，其弟为置毡巾御寒，公取戴于首，范镜数四，忽举剪碎之，并剪其发，出门径去，投龙山三家庵中。旋历诸方参访，得悟后。来金陵受衣钵于浪杖人。杖人深器之，以为其慧解处，莫能及也。公品行笔墨俱高出人一头地，所与交者，遗逸数辈而已。绘事高明，然不轻为人作，虽奉以兼金，求其一笔，不可得也，至所欲与，即不请，亦以持赠。予从瑶星张子与交，因乞作册子数幅，公欣然命笔。自题云：残山剩水是我道人家些子活计，今被栎园老子夺角争先，老僧只得分炉头半个芋子，且道那半个，留他日觌面再与一顿。

方邵村题其画云：

曲曲村墟历历真，长镵不共短筇论，非关笔墨多残漏，老衲山樵自隐身。

张怡云：

举天下言诗，几人发自性灵，举天下言画，几人师诸天地，举天下言禅，更几人抛却故纸摸着自家鼻孔也。介大师个中龙象直踞祖席，然绝不作拈椎竖拂恶套，偶然游戏濡吮，辄擅第一。此幅自云效颦米家父子，正恐米家父子有未到处，所谓不恨我不见古人，恨古人不见我耳。

方尔止《岙山续集》卷一（戊申）载云：

……师本吾儒氏，中年学浮屠。禀性寡所谐，不喜徒众居，闹情寓笔墨，夭矫虬龙如。其妙诚难言，观者惟希歔。昔赠我长卷，叠嶂千里馀。箴之笥箧中，后代垂令誉。

潘正炜在髡残《溪山无尽图》上跋云：

此溪山行脚图卷，叠嶂则祖述山樵，平林则力追仲圭。

程正揆在髡残《松风溪响图》上题云：

石公笔墨，得香光神髓。此忽作迂态，在"师林""鹤林"之间，宛转心目，令人意远，可谓狯矣……此亦自出手眼，独行不求伴侣者也。

钱杜《松壶画忆》中记云：

石溪上人笔墨，与石涛相仲伯。其临文徵明山水，不独形似，兼能得其神韵。余曾见其仿文氏数帧，并如太史腕下跳跃而出，虽精于鉴赏者不能辨也。

程正揆在髡残《临王蒙画》上题云：

山人黄鹤老山樵，三百年来竟寂寥。非是金针无暗渡，阿师脂粉感轻描。

意指王蒙之后，发扬其法者，三百年来也只是髡残一人了。

王岱《酬石溪和尚赠画》诗云：

石公笔墨真离奇，一石一木匪所思。大者山河撑法界，小者芥栗藏须弥。胸中本具千丘壑，不与粉本争起落。画家开口称宋唐，了庵大笑连呼错。我观法界初立时，本有神人自开拓。中有巨山海四隅，四部州分四郛廓。百千万亿风气殊，世眼少见生惊愕。石公学道住牛首，十数年来闭关久。偶然游戏翰墨场，岂与儿曹论好丑。三昧之趋定慧力，断绝时蹊出胸臆。徒使见者生叹嗟，比似蒸沙不可食。若将笔墨求石公，面壁那是西来意。

（见《常德府志·常德文征》卷六）

程正揆在《青溪遗稿》中云：

石公作画如龙行空，虎踞岩，草木风雷，自先变动，光怪百出，奇哉！每以笔墨作佛事，得无碍三昧，有扛鼎移山之力，与子久、叔明驰驱艺苑，未知孰先。

石涛在《山水册》上题云：

此道从门入者，不是家珍。而以名振一时，得不难哉！高古之如白秃、青溪、道山诸君辈，清逸之如梅壑、渐江二老，乾瘦之如垢道人，淋漓奇古之如南昌八大山人，豪放之如梅瞿山、雪坪子，皆一代解人也。

（册藏美国洛杉矶博物馆）

龚贤在周亮工藏《集名家山水册》上题云：

今日画家以江南为盛，江南十四郡以首群（南京）为盛。群中著名者且数十辈，但能吮笔者，奚啻千人……金陵画家能品最多。而神品、逸品，亦各有数人。然逸品则首推二溪：曰石溪、曰青溪。石溪，残道人也；青溪，程侍郎也，皆寓公。残道人粗服乱头，如王孟津书法：程侍郎冰肌玉骨，如董华亭书法。百年来，书法则王，董二公应不让；若论画艺，则今日两溪又奚肯多让乎哉。

杜濬在其《变雅堂诗文遗集》中评云：

吾楚有诗（指公安派、竟陵派诸人）而无画，直至今日，突出两人，一为石溪禅师，一为青溪太史。仆前后见其巨幅长卷，云峰石迹，迥绝天机，原本古人，师友造化，未尝不叹为神品。不知何以不出画家则已，一出便恁地？

张庚《国朝画征录》卷下载云：

释髡残，号石溪、又号白秃，自称残道人，少时自剪其发投龙山三家庵，旋游诸名山参悟，后来金陵受衣钵于浪杖人，住牛首寺，工山水，奥境奇辟，缅邈幽深，引人入胜，笔墨高古，设色精湛，诚元人之胜概也。此种笔法不见于世久矣！

《历代画史汇传》卷六十五载云：

髡残字石溪，一字介邱，号白秃，自称残道者，武陵人，住金陵之牛首寺，俗姓刘。山水奥景奇辟、缅渺幽深，诚元人之胜概，亦由蒲团中得来也。幼有夙慧，不读非道之书，乃弃举子业而为僧，品行笔墨俱高，所与交者遗逸数辈而已。

秦祖永在《桐荫论画》中评述：

石道人髡残，笔墨苍莽高古，境界天矫奇辟，处处有引人入胜之妙。盛夏展玩，顿消烦暑，盖胸中一段孤高奇逸之气，毕露毫端。诚元人胜概也。蒲团上得来，不其然乎。

程正揆在《青溪遗稿》中评述：

石溪和尚，吾乡武陵人，俗姓刘，幼有夙根，具奇慧。不读非道之书，不近女色，父母强婚不从，乃弃举子业，世岁削发为僧，参学诸方皆器重之，报恩觉浪，灵岩继起两长老，尤契合有年。性直硬，寡交织，辄终日不语。又善病，居幽栖山绝顶，闭关掩室，一铛一几，偃仰寂然，动径岁月，间作书画自娱，深得元人大家之旨，生辣幽雅，直逼古风。

《图绘宝鉴续纂》中评云：

石公为堂头，住牛首寺，画奇创，无烟火气。

郑昶《中国美术史》第四章评云：

石溪，住金陵的牛首山，山水奇辟、绵貌幽深，引人入胜。笔墨高古，设色清湛，得元人胜概。

综上评述，髡残之艺术成就，在中国绘画史上有着较高之地位，评述皆极为精当。如龚贤提出“石溪与青溪并列逸品”。对“逸品”的内涵，方邵村又作了补评，云：

逸者，轶也。轶于寻常范围之外，如天马行空，不事羁络为也。亦自有堂构窈窕。禅家所谓教外别传，又曰别峰相见者也，……岂士人之画尽逸品哉！我公精干读画者，必不河汉予言。

（见《读画录》卷二）

论述中大都评他“奥境奇辟，缅邈幽深，奇秀多变，光怪自然”。这是他鲜明的个人特色。张瑶星评他：

举天下言诗，几人发自性灵，举天下言画，几人师诸天地……

髡残之画，多有题诗，可谓字字句句，无一不是性灵的抒露、情感的奔泻，确似天马行空，独来独往，朴实无华，毫无掩饰。画中山水树石之形亦非抽象泛泛，其山路溪流、屋舍桥梁、行人舟楫、滩渚丛林，形象简练，引人入胜，若置身于内，这是他又一特色，继承了北宋山水“可望、可游、可居”之传统，这一特点是极其鲜明的。

还有，髡残绘画的深厚基础在于传统，他在学习名家技法方面下过苦功夫。正如程正揆所说，“得香光神髓”，这香光是指王蒙，因王蒙亦号香光居士；又云，在“师林”“鹤林”之间，这是指倪云林的两幅名作，即《师子林图》卷和《鹤林春社图》，可见髡残深受元人影响。但他虽习古、临古，却不泥古、循古。这正说明他在绘画道路上，是从学习传统起步的。正如杜濬评他：“原本古人，师友造化。”髡残自己也说过：“登山穷源，方能造意。”综观髡残的作品，其取材特色是以真实的自然景色为基础，再进行艺术升华和凝练。故而对他独树一帜的画风，历来都有较高的评价。如程正揆说他“生辣幽雅”，张庚说他“奥境奇辟，缅邈幽深”，秦祖永说他“沉着痛快，以谨严胜”。髡残画中之平面、多角，皴笔的繁茂，形体的灵动，都是他个人画风的产物，是他在熟习前人画迹基础上的再创造。总之，赏阅髡残之画，令人“卧游其中”。

附录(二)
髡残传世作品题识汇编

一、简 叙

髡残为“清初四大画僧”之一，由于四画僧在艺术上绝不苟全取形、附势从俗，故其诗、书、画的创作和论述，在中国绘画史上，被推为革新巨擘。而四僧中唯有髡残无诗文集存世。据《常德府志》记述，髡残有《浮查诗文集》传世，还有其法徒山足兴斧曾为其刊刻过《髡残禅偈》一卷，和《大歇堂集》六卷，惜皆散失。且髡残传世之作，亦远不及石涛、弘仁、八大山人的作品既多且广，因此，研究髡残存在着一定的难度。今在荒翁先生所编《髡残传世作品题识汇编》的基础上，做了点校和补充，然错漏之处实是难免，尚希方家教正。并衷心感激荒翁先生已经付出的劳动。

辑录这一题识汇编，不仅为研究髡残提供了第一手资料，而且对阅读髡残之诗跋亦有所助益。髡残之题识，不拘一格，纯是有感而发，尽情抒写，以志其怀。其中有文、诗、古体、记事、抒怀、评述、感慨，且多禅味，乍读新鲜，但亦难解。“以禅入诗”和“以禅喻诗”早在唐代就已经渗入我国诗文化的传统，它使诗的拟古之风和追求词藻的华丽转向诗意、诗境以及诗趣的融合。髡残之题识，绝无抒情消闲、酬酢游戏之作。对禅学的渗透，可谓是髡残题记之特色。现分述如下：

其一，髡残之题识，充分反映了他的宇宙观、自然观和艺术观，蕴含和展示了中国的人文精神，给人以深刻的自然、社会和人生的启悟，传递着他的情思、意态和心绪。如：

忽然逸去心胸开，仰首踞峰发狂叫。

山色依然襟带间，山容已入云囊住。

以及：

道人趺坐破蒲团，岁月无惊知几许。

这是人的内心反应和人的心灵寄依，是一个天人合一的世界，读之令人有不吐不快之感。正如山水画大师李成所说：“所画山林薮泽、平远险易、萦带曲折、飞流危栈、断桥绝涧、山石风雨晦明、烟云雪雾之状，一皆吐其胸中，而写之笔下。”（见《宣和画谱》卷十一）

其二，髡残的题识多禅意，他以一种迅捷锐利、含意深刻而又蕴藏着哲理和思维的语言，一挥而就，一气呵成。而禅学又以“悟”为其特有的思维方式，其顿悟则包含着直觉、灵感、体验、想象和创造。他从自然中找到禅的空灵和物我同一的审美本质，反映了中国民族审美的内向、神远的文化心理意识，朴质无华。如：

风来千林如虎啸，吓得僧人一大跳。

坠屐深有意，一笑是何年。

坐来诸境了，心事托天机。

以及

秋时愿策荒藤杖，布袜青鞋白云里。

禅学之入诗、入画，使作品以逸气为内涵的“意”，占了一定优势，这使清季以来的山水画有了广阔的天地。

其三，髡残的题记是从多角度的、移动的、活跃的观照使时间空间化、流动多样化，观照着世间一切。如为樵居士作《物外田园书画册》，其中题云：

嗟乎，人生何事不可已于怀者，曳裾王门，拥盖当路，与个汉较之，则天壤矣。

夫人为世间生老病死，富贵荣辱所累，则思而为佛为仙，不知仙佛者即世间人而能解脱者也。

若在城中，日对墙壁瓦砾，偶见此一块石、一株松，便觉胸中洒然清凉，此可为泉石膏肓、烟霞痼疾者语也。

全册计六开，其题记角度多变，这是髡残以时间与空间结合的流程性跳跃性描述，尽出心灵深处。又如《报恩寺图》题记云：

……以至家不治、国不治、丛林不治。（按：丛林是指寺院）易曰：“天行健，君子以自强不息。”盖因是个有用底东西，把来龌龌龊龊自送灭了，岂不自暴自弃哉！

又云：

殿堂倒塌，何忍自寝安居。

髡残要使天下人都能安居。其题记大都是补充和发挥着画外之意，他朴实地抒发着欲达而未达之情，给人以更多的艺术感受，意境开阔，内涵宽广，笔锋犀利，意趣横溢。他把“平淡天真”作为审美的标准，这是受从米芾到董其昌一致推崇董巨之影响也。

这一汇编，又可作髡残诗文集之部分，是一宗珍贵的文化财富。但错漏很多，尚有待于进一步收集、整理、研究和探索。

二、内　容

现按纪年排列，未纪年的作品附后。

注：“□”指此字不能辨也。

清顺治十四年丁酉（1657）四十六岁为元白作《山水图》轴。题云：

入山不深林不密，与君踯躅千山外。何如信手拈得来，坐对千峰峰自在。白云不露最高峰，阴崖半许渔樵通。拂磐石，抚孤松，山有人兮山不空。前后画与元白老道兄，皆不当意，唯此帧呵冻为之，差喷饭耳。因题之，时丁酉大冬时也。石溪残。

（见《十百斋书画录》乙卷）

作《仿大痴设色山水图》轴。题云：

丁酉秋杪，赤林过幽栖，问道老僧，见其霜对初醉，以片纸索余涂之，持归如阿祖六翁，意甚佳，因仿大痴设色，发所不能发兴、赤林之善感人加此也。石道人。

（见《明清山水名画选》）

清顺治十六年己亥（1659）四十八岁作《寒江罢钓图》轴。题云：

世界阙一人，古镜阙一尺。凡物巨细，何可少此纤末者耶？青溪太史以怪紫罗帐里乱撒珍珠，叵耐落在庞侍者手中。此处正好作佛法会，稍有余暇，仍以笔墨作供养。呵呵。石溪残道者作于芙蓉峰之借榻畔。

（现藏台北张岳军处）

按张子宁考“芙蓉峰”乃黄山三十六峰之一；又“青溪太史”似有影射程正揆被弹劾、免职的遭遇，故定为1659年左右游黄山时所作。

清顺治十七年庚子（1660）四十九岁作《秋晴看山图》轴。题云：

秋日喜初晴，看山曳杖行。落花松径满，流水石桥平。岚气凉生阁，溪声晚度城。翻嫌朝市杂，此地最幽情。庚子仲夏，画于借云阁中。石道人。

（见《十百斋书画录》壬卷）

作《云房舞鹤图》轴。题云：

欲借云房榻，仙踪迹已陈。溪岗寒到寺，峰影近窥云。灶冷丹砂火，苔封玉检尘。凭栏无限兴，传语去寻君。岩谷夸奇绝，茅庵岂作邮。吐云迷下界，幻海结神丘。怪石曾无谱，苍林岂易收。忘归直此地，不信画中游。石溪残道者作于借云关中，时庚子八月一日也。

（现藏日本京都泉屋博古馆）

作《天都探胜图》轴。题云：

尝与青溪读史论画，每晨夕登峰眺远，益得山灵真气象耳。每谓不读几卷书，不行几里路，皆眼目之见，安足论哉！亦如古德云尔。当亲授受，得彼破了蒲团诀时。余归天都，写溪河之胜，林木茂翳，总非前辈所作之境界也耶！庚子秋八月五日，幽栖石溪残道者。

（现藏香港刘作筹之虚百斋）

作《青山截嶭图》轴。题云：

青山截嶭几万里，乱峰如龙矗云起。晨昏日月转山腰，三十六轴盘地底。昆仑渤海气势来，衡岳匡庐远相倚。长年溟蒙飞烟雾，白日杂逐走麋鹿。玉泉丹砂钟灵根，芝草琅玕长不死。中有高人事隐栖，结屋开门乱云里。厓木野藤时作花，涧水冷冷石齿齿。竹床木瓢白石铛，儋头瓮牖乌皮几。遥世应同乡里翁，著书还拟鹖冠子。我亦乾坤放逸僧，探奇名山兴未已。庚午（子）秋仲坐大歇堂，阅关仝笔法遂临池临出，曳壤石溪残道人。

按：《海天鸿藻》系庚子（1660），郭味蕖《宋元明清书画家年表》亦作庚子。“午”字可能是“子”字之误，余从庚子。

作《唐人诗意图》卷。题云：

写画一道，须知有蒙养者，因太古无法，养者因太朴不散，不散而养者，无法而蒙也。未曾受墨，先思其蒙，既操笔，复审其养，思其蒙而审其养，自能辟蒙而全古，自能画变而无法，自归于蒙养之道矣。庚子八月，曳壤石残秃并识。

（见《石溪画集》）

作《黄山道上图》轴。题云：

山行百余里，冥搜全未竟。虽历伏火中，峰高已秋尽。振衣上天岭，群峰悉趋迎。闷洞起卧龙，肃然生爱敬。忽转别一天，插石皆峭劲。虚磴接危梯，崩崖倚幽穽。我本探奇人，写兹忧虞并。黾勉敌天工，下山达松径。廓然眼界宽，慈光演上乘。假我水云寮，钟鸣定出□。安得日在兹，山水共幽订。庚子秋八月，来自黄山，道经风物森森，真如山阴道上，应接不暇也。静坐天阙之含虚阁，拟其所历之景，以为图系其作。石溪残道者。

（见日本出版《中国名画集》第七册，现藏上海博物馆）

作《苍翠凌天图》轴。题云：

苍翠凌天半，松风晨夕吹。飞泉悬树杪，清罄彻山□。屋古摩崖立，花明偷涧披。剥苔看断碣，追旧起余思。游迹千年在，风规百世期。幸从清课后，笔砚亦相宜。雾气隐朝晖，疏村入翠微。路随流水转，人自半天归。树出藤偏坠，秋深雨渐稀。坐来诸境了，心事托天机。时在庚子深秋，石溪残道人记事。

（现藏南京博物院）

作《地迴群山图》轴。题云：

地迴列群山，苍崖半倚天。猿啼青障外，虎啸白云边。太古留遗迹，星坛隐旧仙。瀑泉出曳练，谷涧暖生烟。古洞排虚险，高岩列碧藓。灵峰遥可望，异境到天缘。晓雾开远翳，晴岚断复连。樵歌时响亮，谷鸟镇翩翩。寺隐孤峰侧，松欹怪石前。钓船溪外去，幽兴自年年。庚子秋仲大歇堂中作此。茧壤石溪残道人。

（此图曾在1970年香港明清绘画展中展出，现藏香港霍宝材处）

作《耸峻矗天图》轴。题云：

耸峻矗天表，浩翰迎地轴。溪云起淡淡，松风吹谡谡。乐志于其间，徜徉不受促。两只青草鞋，几间黄茅屋。笑看树重重，行到峰六六。可以立脚根，方此面山麓。庚子冬十月廿日作，幽栖残道者。

（见《宝迂阁书画录》卷二，现藏新加坡陈之初处）

作《面壁图》轴。题云：

余性喜书画，品经课之暇，抽毫纵意赴之，自觉快然。虽处幽栖小筑，然□□□。时庚子十月一日，束装归山，作白云深处，老僧无计耳。与青溪居士□当许之。因写面壁图，肩于经担□何如？那时想望红尘，真离万丈也耶？呵呵。曳壤石溪残道者。

（现藏香港罗志希处，《石溪画集》亦收之）

作《黄山图》巨轴。题云：

我来黄岳已年余，登顿苦无缘壁技。挈笔寄食法海庵，一榻又我寄之寄。仰瞻嵯峨不敢攀，岩石突兀势若坠。他山一目尽能收，此山幽奇难思议。我今画得此山灵，却藏庵侧涧壑底。秋时愿策荒藤杖，布袜青鞋白云里。道人趺坐破蒲团，岁月无惊知几许。庚子冬返栖霞山斋作。

（现藏南京文管会）

作《崒屼凌霄图》轴。题云：

崒屼凌霄汉，卓然少跻攀。松欹千仞磴，嶂隐百重关。翠滴苔痕古，赭分石色殷。香泉峰底出，幽鸟涧边还。始识此中意，何求海外山。一杖多趣思，端必出人间。地回列群山，苍崖半倚天。猿啼青障外，鹤唳白云边。太古留遗迹，星坛隐旧仙。瀑泉长曳练，谷涧暖生烟。古洞排虚险，高岩列碧藓。灵峰遥可望，异境画中缘。晓雾开远翳，山岚断复连。樵歌时响亮，谷鸟镇翩翩。寺隐孤峰低，松欹二岭巅。坠屐深有意，一笑是何年。庚子仲冬作于天阙山房之南窗下，石溪残道人。

（藏台北黄君璧处）

作《书画合璧图》卷。题云：

千岩万壑落眼奇，何必策杖临崄巇。秋风入户几席静，纵吾秃笔挥洒撑空岌嶪之峨嵋。蜀道难兮人不到，莫要彷佛吾今武陵源上桃花溪。秦人战仙久不老。赤松王乔相与期。世人碌碌有底事，壶教老却商山芝。向平志大转难齐，白发屡与青山违。少文卧游益潦倒，四壁琴操知音稀。旦复旦兮唤奈何，白云为我迦山河。阿隅与正心禅师，涂此褙成复缀此歌，聊博一笑。庚子冬仲，石道人。

（见《虚斋名画录》卷六）

清顺治十八年辛丑（1661）作《山水轴》横轴。题云：

溪山水亭，有客独坐，隔水村舍，旁山桥通对岸，远帆在烟霭间，皴法清劲，脱去本来蹊径。

城市厌烦燠，江山玩清晓。盥濯临石湖，吟啸望云巘。范公游集地，登涉尘情遣。悽悽靡遗构，郁郁犹荒苑。仙人王子晋，抱道云舒卷。风吹翔河汾，鹤巢来栖偃。凉风生短槛，溪水清涴涴。何当临此际，忘年从嵇阮。生与砚为邻，惟知椿颖珍。饥鸢听吟啸，那用忧空囷。天矫钟王迹，遒然骨肉匀。澄怀无渣滓，时时见天真。辛丑八月一日坐大歇堂作此，曳壤石溪残道人。

（见《梦园书画录》卷十七）

作《山水图》册（十页）。题云：

第一页：幽栖电住道人记事。

第二页：一艇烟波古渡边。牛首山房作，石溪。

第三页：身世双蓬鬓，乾坤一草亭。石道人。

第四页：十年归不得，忘却来时道。残道人。

第五页：夏禹至苍山□翠，残衲。

第六页：深山太古初。石溪残道人。

第七页：苍松华严□地脉清泉。

第八页：时看翠色浮青嶂，应是吾残舍利光。石溪。

第九页：茅茨结离近林泉，老衲烺烺旧有编。陈迹杳然无觅处，许多妙意冷苍烟。幽栖电住百溪残道人。

第十页：残僧本不知画，偶然坐禅后悟此六法。随笔所止，未知妥当也，见者喝棒。辛丑孟夏石溪。

（见《石溪上人山水册》，日本博文堂影印本）

作《天都峰图》轴。题云：

仙源源外近丹山，一十五里清潭湾。绿波萦回浮锦鳞，水空地涕响潺湲。石能化羊亦化豕，丹山一空色皆蒙。天都保障石关鞝，面对天都峰矗矗。巨榧成林大数围，急涧争鸣声太蹙。斫金嵌玉百道光，乔松蓊翳覆远屋。辛丑八月写于借云关中，幽栖电住道人。

浩浩深潭清可掬，白云霏卷珠千斛。香浮茗雪五花飞，响入松涛三叠曲。绿水波中明月香，青山彰里寒泉绿。我今一棹归何处，万壑苍烟一泓玉。石溪残衲又笔。

（现藏北京故宫博物院）

作《黄峰千仞图》轴。题云：

黄峰千仞十日宿，烟雾如幄障茅屋。局促辕下胡为乎，辜负莲峰三十六。忽然逸去心胸开，仰首踞峰发狂叫。何物泽滓点太空，倏忽云君玩众妙。携将碧落千里翠，散作青冥五色文。君不见百尺侧泻如匹练，晴云寒玉起纷纷。辛丑九月天阙山房作此，萸壤石溪残道人。

（见黄宾虹《释石溪事迹汇编》，现藏广东省博物馆）

作《碧潭青嶂图》轴。题云：

绿阴覆屋绕清流，曾道仙源花片浮。迳僻自然成岛屿，尘疏何必不瀛洲。碧潭竞跃游鱼乐，青嶂翩翩野鹭幽。即此山中淹岁月，山光云影两悠悠。辛丑四月朔日，过借云关中作。曳壤石溪残道人。

（见《十百斋书画录》丑集）

作《巨石排空图》轴。题云：

巨石排空起，双峰类削成。对人犹旖旎，入坐望峥嵘。伴我经千卷，凭君笔五丁。开门今已决，相望足怡情。僻性耽幽壑，蓬门静不开。畏人名姓去，娱老鸟虫陪。流水家能到，奇花手自栽。佛楼墙畔近，独许杖藜来。避人因削发，何忍负秋辉。高树下凉影，微风侵袷衣。名香生道念，古墨发清机。皎皎空庭鹤，凌晨故更归。位置多丘壑，禅斋新就时。窗虚花在水，天远枳为篱。隐士黄金贱，幽怀碧瓮宜。从今乞画者，曲岸结茅茨。辛丑七月廿二日，过天隆古院作。石溪残道者。

（见《十百斋书画录》癸卷）

为周亮工作《山水图》轴。题云：

东坡云：书画当以气韵胜人，不可有霸滞之气，有则落流俗之司，安可论画。今栎园居士，为当代第一流人物，乃赏鉴之大方家。常嘱残衲作画，余不敢以能事对，强之再，遂伸毫濡墨作此，自顾位置稍觉安稳，而居士亦抚掌称快，此余之厚幸也何似。石道人，时辛丑八月，在佛堂关中请事。

（见《三秋阁书画录》卷上）

作《松崖茅屋图》轴。题云：

松风为伴侣，茅屋自安然。君虽有大会，雄拟亦须参。辛丑冬日逸翁来山中看病者，赠我以参药，作此奉酬，且勉之，盖因翁亦吾禅中人耳。残道人。

（见《石溪画集》）

作《赠栎公山水图》轴。题云：

栎公诗词流逸，笔下无点尘气，索一亲近老僧，老僧病不能以文为交。辛丑秋，余行脚长干塔下，有友持王叔明迹展玩之，点染用笔俱不可仿佛，因勉强作此图。栎公适至爱赏不已，即以呈教，虽

赠栎公山水图

愧古人，借以报有声之画云呵。幽栖石道人。

（现藏天渡楼）

清康熙元年壬寅（1662）作《在山画山图》轴。题云：

住世出世我不能，在山画山聊尔尔。蔬斋破衲非用钱，四年涂抹这张纸。一笔两笔看不得，千笔万笔方如此。乾坤何处有此境，老僧弄出宁关理。造物虽然不寻闻，至人看见岂鄙俚。只知了我一时情，不管此纸何终始。画毕出门小跻攀，爽爽精神看看山。有情看见云出岫，无心闻知钟度关。风来千林如虎啸，吓得僧人一大跳。足下谁知触石尖，踆踆蹯蹯忍且笑。归到禅身对画图，别有一番难告报。从兹不必逾山门，澄墨吻毫穷奥妙。壬寅小春漫写并记，石溪残道者。

（见《宝迂阁书画录》卷二）

为樵居士作《物外田园书画册》纸本六页。题云：

余半年未弄此，樵者归，留此册强余涂之，卧起点缀，如此云中鸡犬，樵者能亦点头否？石道人。

第一页：人之性情有不可解者，皆属于天，故其嗜好各有不同耳。壬寅六月，大暑如焚，樵居士偕明远入幽栖，问残道者病，病者亦霍然而起，是夕丹明昼，草虫乱鸣，相互俯仰，余病已半年，居士亦倦于道路，当此景如梦觉，如悟前世。嗟乎，人生何事不可已于怀者，曳裾王门，拥盖当路，与个汉较之，则天壤矣。居士曰：“恶。”石溪道人。

第二页：夫樵者能入荆棘，能入葛藤，能入蛇龙之穴，虎兕之巢，撒手悬崖，纵横鸟道，不识富贵荣辱之境，不识生死性命之大，夭寿夭夭，其如昼夜，故其历险若夷，尝苦如荠，陶陶然但见其乐，未见其忧。夫人为世间生老病死，富贵荣辱所累，则思而为佛为仙，不知仙佛者即世间人而能解脱者也。是以黄帝欲脱硅冕而就之，以其可以完吾人固有之天，故昔之智人，多隐遁樵渔之间，非徒慕其名而旧其实，樵居士若为首肯请从此入，石道人饶舌已竟，樵者唯唯否否，复有此鸿爪之迹，以侍明眼人棒喝耳。石道人。

第三页：把名利看大了便忘却生死，把生死看大了便忘却名利。张拙偈云，随顺业缘无挂碍，涅粱生死等空华，莫不是名也。随他利也，随他佛道也，随他生死也，随他怎么不怎么也，随他果然如是，则数声清磬，是非外一个闲人天地间。樵居士曰："恶。"石溪道人。

第四页：武陵溪溯流至桃花源，两岸多绝壁断崖，郦道元所谓，渔咏幽谷，浮响若钟，武陵桃花源问，自道元注破，遂复绝无隐者，夫名誉所处，有道者避之，故吾乡先世则有善卷先生隐于德山，亦名枉人山焉。而桃花源则皆避秦人，长子孙，年久仙去。昔人所云名者实之宾，是其人则逃之而不得，非其人则来之反辱也。长夏日偶为樵居士涂此，意颇类之，因书此闲话，以为笑乐。石道人。

第五页：终日在千山万山中坐卧，不觉如人在饭箩边忘却饥饱也。若在城中，日对墙壁瓦砾，偶见此一块石，一株松，便觉胸中洒然清凉，此可为泉石膏肓，烟霞固疾者语也。禅者笑余曰：师亦未忘境耶？余曰，蛆子，汝未识境在西方，以七宝庄严，我却嫌其太富贵气，我此间草木土石却有别致，故未尝愿往生焉。他日阿弥陀佛来生此土未可知也。禅者笑退。石道人。

第六页：我尝惭愧这只脚，不曾阅历天下名山：又尝惭此两眼钝置，不能读万卷书，阅遍世间广大境界：又惭两耳未尝亲受智人教诲，只此三惭愧，纵有三寸舌头，开口便秃。今日见衰谢，如老骥伏枥之喻，当奈此筋骨何？每见有心眼男子，驰逐世间，深为可惜。樵居士于吾言无所不悦，然岁之所聚，不一二次，聚则一宿便去，然而一宿之晤，思过半矣。今年再入幽栖，值余病新愈，别去留此册，索余涂抹，画不成画，书不成书，独其言从胸中流出，樵者偶一展对，可当无舌人解语也。石道人识于幽栖关次。

（见《笔啸轩书画录》卷下，现藏北京故宫博物院）

作《群峰出奇图》轴。题云：

云蒸泽未知，隐见独多姿。浮气须曳变，群峰幻出奇。云云四句。壬寅三月，坐祖堂之来青阁，幽栖电住残道人。

（见《日本现在支那名画目录》，现藏日本京都相国寺）

作《罗汉图》轴。题云：

世界婆娑，安居是他。问我来甚，不说云何。处上视下，身寄高柯。栖息无虑，乃在鸟窠。人说我险，我说你魔。参空一切，贝叶经多。听我说偈，沙数恒河。三洲无量，即是弥陀。壬寅浴佛日。曳壤石溪残道人作于供佛关中。

（见《古缘萃录》卷六，又《艺林旬刊》五，一作《鸟窠祖师图》）

作《山水图》巨轴。题云：

茅茨门何向，荒苔迳亦斜。扶筇人过舍，曲沼水穿沙。旧种娟娟竹，新开冉冉花。幸来居此地，此地绝无哗。位置诚何意，巑岏拥若图。望中拔地险。削处入云孤。近户岚光合，遥峰秀色殊。移山将有托，未可笑吾愚。壬寅中秋前，作于天阙山房。曳壤石溪残道者。

（见《书画鉴影》卷二十四，现藏北京故宫博物院）

作《空山幽僻图》轴。题云：

空山幽僻接滩沙，此处无人一径斜。几片白云随旅雁，数丛红树待归鸦。溪边晚影□来棹，风卷西溟看落霞。处士襟期不再□，春来重为□桃花。壬寅九月廿日，坐古聚花作此，曳壤石溪道者。

（见《梦园书录》卷十七）

作《山水图》轴。题云：

大育头陀，静而多慧。爱饮酒吟咏。自言饮酒一道，从竹林渊明之后，绝无有悟此三昧者，其余不过纵其铺饮而已。余饮而醉时，无贵无贱，无心无荣，十方世界尽成一味，但苦我之意无穷，所饮之酒浆有限耳。又能以□□，叠成丘壑，幽趣天然，江南士大夫园亭中皆其巨灵手迹，以城市变山林，使人生静想，则结华会上，三变净土，当有斯人在眼，妙光□□异□乎。今年六旬初度，欲祝礼，早已落然灯佛后耳。壬寅秋杪，幽栖挂担，天壤僧残。

（见《大风堂书画录》）

清康熙二年癸卯（1663）作《旷怀图》轴。题云：

世莫能逃，偶作遐想，聊与旷怀者共之，抑知实有此境否？癸卯小春日，天龙古院石溪残道人。

（现藏台湾王世杰处，《石溪画集》亦载印）

作《溪山闲钓图》横幅。题云：

癸卯春三月，余于幽栖关中养静，耳目无交，并笔墨之事稍有减去，然中心不□适，东田词丈过余山中，因谈名流书画，又惹起一番思想。东田又谓余曰：世之画以何人为上乘，而得此中三昧者？余以起而答曰：若以荆、关、董、巨四者得真心法，惟巨然一人。巨师媲美于前，谓余不可继迹于后，遂复沈吟有染指之志，纵意挥洒，用一峰笔气，作溪山闲钓横幅，以寄其兴。临池时经营位置，未识与古人暗合不？嗟乎，人生不以学道为生，天命安为道乎？见此茫茫，岂能免百端交集，东田以为然。余爱词丈之语，并录其上，将为水云乡中，他日佳话，此语勿传到时人耳边也，遂不觉狼藉如此。石秃残者。

（见《书画鉴影》卷二十四，现藏上海博物馆）

作《重山叠嶂扶杖入山图》轴。题云：

古语云："若无烦恼挂心头，便是人间好时节。"又十方佛彼此遣侍者问讯，皆曰："少浪多结净缘，即是佛家妙境，亦不易得，况此五浊乎？"如此看得宽，则一切境缘，随业顺受。譬如入山往返之劳，只为这个不了，若是了得这个，出山入山也好，古人所以云，上投子九到洞山，岂偶然哉！果能解向闹市街头识得弥勒，便当呵呵大笑而去，随处解开布袋，作些子佛事，感清净缘，残衲所以结此笔墨缘也。作此重山叠嶂扶杖入山图，石溪残道者以自警。时癸卯夏四月望后二日也。

（见《听帆楼书画记》续编）

作《报恩寺图》轴，题云：

石秃曰："佛不是闲汉，乃至菩萨、圣帝、明王、老庄、孔子，亦不是闲汉，世间只因闲汉太多，以至家不治，国不治，丛林不治。"易曰："天行健，君子以自强不息。"盖因是个有用底东西，把来龌龊龊自送灭了，岂不自暴自弃哉！甲午、乙未间，余初过长干，即与宗主未公握手，公与余年相若，后余住藏社校刊大藏，今屈指不觉十年，而十年中事经过几千百回，公安然处之，不动声色，而又所谓布施斋僧，保国裕民之佛事，未尝少襄昔。公居祖师，殿见倒塌，何忍自寝安居，只此不思安居一念，廓而充之，便是安天下人之居，便是安丛林广众之居，必不肯将此件东西自私自利而已，故住报恩，报恩亦颓而复振，归天界君祖殿而兴，思公之见，好事如攫宝然，吾幸值青溪大坛越端伯居士拔剑相助，使诸祖鼻孔焕然一新。冬十月余默榻长干，师出此佳纸索画报恩图，意以寿，居士为领袖善果云。癸卯佛盛道日，石秃残者合爪。

（现藏日本京都泉屋博古馆）

作《六六峰图》轴。题云：

六六峰之间，振古凌霄汉。清秋净无云，争来列几案。寺幢天际悬，树色空中灿。飞瀑九万寻，高风吹不断。俄然吐雾烟，近远山峰乱。深浑大海涛，浩淼靡涯岸。少为岚气收，秀岭芙蓉烂。峦岫画难工，猿鸟声相唤。我忆董巨手，笔墨绝尘俗。嗟嗟世上人，俗气畴能换。翻羡屋中人，摊书烟云畔。板桥樵子归，共话羲皇上。癸卯秋日作于牛首之白云檐下。石溪残道人。

（现藏美国纳尔逊艺术博物馆）

作《层岩叠壑图》轴。题云：

层岩与叠壑，云深万木稠。惊泉飞岭外，猿鹤静无俦。中有幽人居，傍溪而临流。日夕谭佳语，愿随鹿豕游。大江天一线，来往贾人舟。何如道人意，无欲自优游。癸卯秋九月，过幽闲精舍写此，以志其怀焉。天壤石溪残道者。

（见《虚斋名画录》卷十，现藏北京故宫博物院）

作《岚气朝晖图》轴。题云：

岚气隐朝晖，云深入翠微。路随流水转，人自半山归。树古藤偏坠，秋深雨渐稀。同来问野渡，小事托神机。穿林矜拾级，戏路屈枝横。心目分远近，松峦互送迎。上缘时复下，高处又情生。云里藏茅屋，层层积翠盈。癸卯九月上浣作于天阙山房，石溪残道者。

（见《爽籁馆欣赏》第二辑，现藏日本大阪市立美术馆）

作《雨洗山根图》轴。题云：

雨洗山根白，净如寒夜川。纳纳清雾中，群峰立我前。石撑青翠色，高处侵靡烟。独有清溪外。渔人得已先。翳翳幽禽鸣，铿铿彝落泉。巧朴不自陈，一色藏其巅。欲托苍松根，长此对云眠。癸卯秋八月过天龙古院，幽栖电住石溪残道人。

（现藏北京故宫博物院）

作《苍山结茅图》轴。题云：

卓荦伊人兴无数，结茅当在苍山路。山色依然襟带间，山容已入云囊住。天台仙鼎白云封，仙骨如君定可从。玄猿夜啸清溪曲，白鹤时依槛外松。曳壤石溪残道者作于天龙古院，时癸卯十月一日也。

（现藏上海博物馆）

与程正揆合作《双溪怡照图》。程正揆题云：

石溪师息余斋，偶展玩叔明具区林屋图，余遂用其意作此幅，未及成，忘置之。师得于座壁间，乃为结构，竟是点铁，大奇大奇，因题其图于端，并识之。青溪道人。

石溪题曰：

青溪翁住石头，余住牛头之幽栖。多病尝出山就医，翁设容膝，俟余挂搭，户庭邃寂，宴坐终日，不闻车马声。或箕踞桐石间，鉴古人书画，意有所及，梦亦同趣。因观黄鹤山樵翁，兴至作是图未竟，余为合成，命名曰“双溪怡照图”，当纪岁月，以见吾两人膏肓泉石潦倒至此，系以诗曰：云山叠叠水茫茫，放脚何曾问故乡。几时卖来还自买，为因泉石在膏肓。癸卯十月，石溪残道人。

（见《十百斋书画录》乙卷）

按：“双溪怡照图”印“七峰庐”。

作《百尺峰图》轴。题云：

百尺峰偏初皴梦，一怪松直绝依萝。古今谁解风流韵，柱杖撑天好大哥。松无自性却多恻，山有真符不必分。柱杖时人争割据，痴龙藏首出僧群。癸卯冬曰石溪道人。

（见《石溪画册》）

清康熙三年甲辰（1664）作《春山知音图》轴。题云：

何须分梦觉，画山亦可游。无烦动恶操，心赏自悠悠。甲辰初春时坐牛首山画以定公道契于悬崖，撒手是住山人本庵，老僧以此为自受用三昧，定公其知音乎？电住道人。

（见《石溪画集》）

作《云洞流泉图》轴。题云：

端居兴未索，觅径恣幽诗。沿流戛琴瑟，穿云进窈窕。源深即平旷，巇杂入霞表。泉响弥清乱，白石净如扫。兴到足忘疲，岭高溪更绕。前瞻峰如削，参差岩岫巧。吾虽忽凌虚，玩松步缥缈。憩危物如遗，宅幽僧占少。吾欲饵灵砂，巢居此中老。甲辰仲春作于祖堂，石溪残道人。

（现藏北京故宫博物院）

清康熙四年乙巳（1665）作《清风迎地（书法）卷》。题云：

雪窦当时此颂，欲教人个个作狮子吼，可谓恩大难酬，虽然□道老须未来时，还有这个清风迎地底消息么？有时一棒打煞，不为罪过。良久云，从前汗马无人问，只要重论盖代功。乙巳春杪为石隐禅契题于借云关次，电住老秃。

（见《石溪画集》）

作《云树苍茫图》轴。题云：

乙巳三月作。石道人。

（见《十百斋书画录》亥集）

作《达摩面壁图卷》。

（见《宋元明清名画大观》，现藏于日本泉屋博古馆）

清康熙五年丙午（1666）为青溪作《四季山水册》四开。题云：

（春）游山忘岁月，屐写自相过。风露零虚意，禅机静里磨。同来叩梵宇，遂比老烟萝。岂向人间说，林丘自在多。画必师古，书亦如之，观人亦然，况六法乎？石溪残道人。

（现藏美国俄亥俄州克利夫兰艺术博物馆）

（夏）不去轩晃场，坐对峰六六。春夏百草香，风来自松竹。一卷梵文经，闻诮我白秃。若问幽栖处，结茅山之麓。石道人纪事。

（现藏德国柏林东亚艺术博物馆）

（秋）烟波常泛艇，石洞挂云瓢。不识此间意，何人咏采樵。石溪残道人作于天阙山房。

（现藏英国伦敦大英博物馆）

（冬）丙午深秋，清溪大居士枉驾山中，留榻经旬，静谭禅旨及六法之微，论画精髓者必多览书史，登山穷源，方能造意。然大居士为当代名儒，至残衲不过天地间一个懒汉，晓得什么画来。余向尝宿黄山，见朝夕云烟幻景，林木翳然，非人世也。居士遂出端本堂纸四幅，随意属图，聊记风味云耳。居士当喝棒教我，石溪残道者爪。

（见《石溪画集》，现藏英国伦敦大英博物馆）

作《溪山无尽图》卷。题云：

大凡天地生人宜清勤自持，不可懒惰，若当得一个懒字便是懒汉，终无用处。如出家人若懒，则佛相不得庄严，而千家不能一钵也。神三教同是。残衲时住牛首山房，朝夕焚诵，稍余一刻，必登山选胜；一有所得，随笔作山水画数（幅），或字一两段，总之，不放闲过。所谓静生动，动必作出一番事业，端教作一个人立于天地间无愧。若忽忽不知，惰而不觉，何异于草木。适野所道兄访余禅居，喜余狂论，嘱书一过，并前图溪山无尽卷以归之。电壤石溪残道人合爪。

（见《清释石溪山水册》美艺社初版）

作《秋高气爽图》轴。题云：

拟出丘壑姿，岩颠悬月点。爽气与蒸岚，不将洞门掩。惊昏忽策杖，跳踯成梦想。□□老猿啼，起视光睒睒。镇日松径行，发兴在幽险。远峦与近巘，后先共上俨。瑰情出天表，飞翠扑人脸。日脚欲近人，梳云生绝艳。吾行即□之，

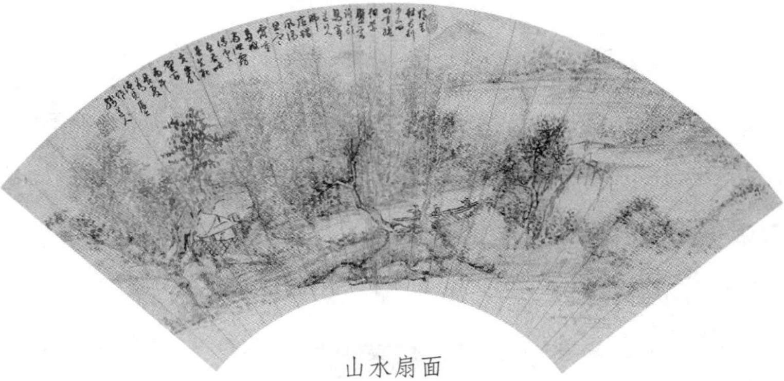

山水扇面

决股废物遍。捡石骨如削，有松皆如柴。身坐如小鸟，群峰忽然敛。登高而临流，拳拳高练贬。路穷刚置我，源开辄架厂。既足借吾目，又言息吾断。一幅溪藤纸，写此气冉冉。丙午秋八月上浣，值东田词盟雨中乘兴过余双树轩，袖二楮索画，聊应此，幽栖电住石溪道人记事。

（见《石溪画集》）

作《山水扇面》。题云：

忆昔往寻剡中山，四明天姥相萦盘。客路上头鸟穿道，行人脚底踏风湍。且寒露重多成雨，泄雾蒙云互吞吐。仆夫相夫岩壑间，丙午长夏，为绳其居士作。残道人。

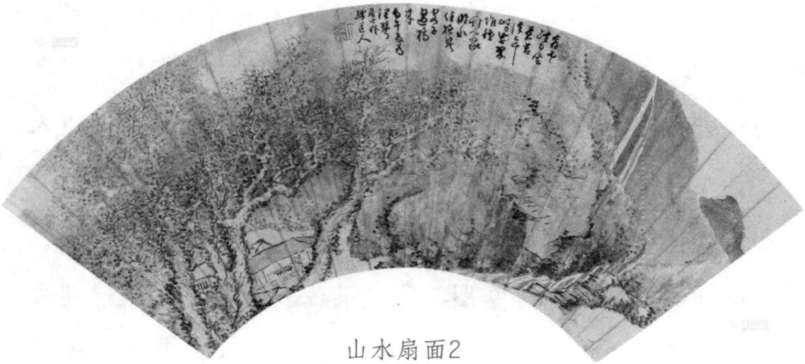

山水扇面2

（现藏金陵天渡楼）

作《山水扇面》。题云：

看云终日坐苍苔，溪上千峰紫翠堆。种竹人家临水住，抱琴客子过桥来。丙午夏，为润琴居士作，残道人。

（现藏金陵天渡楼）

作《书画卷》。题云：

丙午长夏，为绳其居士作。幽栖石道人。

（现藏上海博物馆）

清康熙六年丁未（1667）为松啸禅友作《山水图》卷。题云：

丁未立春日为松啸禅友戏作，电住道人。松啸吾楚人也，

书画卷

僧性高洁，嗜山水，好笔墨，间有所作，皆从无师智中流出，虽然若论学道分中，此不过弄泥团耳。尝来入幽栖之室，与之言颇畅，若待渠舍泥团时，更有快活在。偶书于借云，石道人。

（见《石溪山水册》、《泰山残石楼藏画》影印本）

作《仿董华亭仙掌图》轴。题云：

春日偶忆华亭《仙掌图》，变其法以适意也。漕幢契友相过，见而持去，谓入此山不可空归耳。石道人，丁未三月。

（见《石溪画集》、《中国名画集》第七册）

作《晴江叠嶂图》轴。题云：

丁未秋杪，赤林过幽栖问，许老僧见其霜树初酣，遂出澄心堂宋纸，索余写出之，归娱阿祖二翁，意甚佳，因仿鸥波晴江叠嶂，发所不能发之兴，赤林之美感人如此也。石道人。

（见《石溪画集》）

作《松岩楼阁图》轴。题云：

吾乡青溪程司空藏有山樵"紫芝山房图"，莱阳荔裳宋观察亦有"所性斋图"，而皴染各不相同，皆山樵得意笔，乃知舞大呵者神变莫测。董华亭谓画如禅理，其旨亦然，禅须悟，非功力使然，故元人论品格，宋人论气韵，品格可学力而至，气韵非妙悟则未能也。尝与青溪论笔墨三昧，知己寥寥，知其解者，真旦暮遇之耳。丁未重九前三日，作于幽栖大歇堂。病眼昏涩，自愧多谬若此。野翁道长先生得无喷饭乎？石溪残道人。

（现藏南京博物院）

作《幽涧听瀑图》轴。题云：

涧泉何清深，苔径夕阴满。讽咏紫霞篇，驰情文采馆。

晴岚拂书幌，飞花浮茗盌。阶下松粉黄，窗间云气暖。石磴萝茑垂，翳翳尘迹断。非与世相违，冥栖久忘返。手把玉芙容，青天骑白龙。……天台有仙宅，云气相近连。癸卯浴佛日，天壤石溪道者。

（见《石溪画集》）

清康熙七年戊申（1668）为周亮工作《山水图》轴。题云：

栎园翁文章诗画之宗匠也，尝以其所作，如穷山海，不能尽其寥廓。坡老云，神与万物交智，与百工通者耳。每欲作山水为晤对，思其人早以塞却悟门。吾乡青溪，藏有黄鹤山樵《紫芝山房图》，自谓辋川洪谷。今紫芝同青溪归楚矣，梦寐犹在。戊申霉雨中仿佛其意，呈以为棒喝之使，余又得痛快于笔墨之外矣，何如，何如？幽栖石道人残。

（见《穰梨馆过眼录》卷三十六）

清康熙八年己酉（1669）作《溪桥策杖图》轴。题云：

拙画虽不及古人，亦不必古人可也。每作以自娱，亦不愿示人，近所好者多耳，识雷同赏之，如学语之徒，语虽竞利，与个事转运，司空青溪一见便知精粗耳。无已道考，虽不强作解事，所爱是其本色，因以赠之。己酉夏六月电住道人。

（现藏苏州博物馆）

作《彭泽诗意图》轴。题云：

东坡云："当以气势胜人，则为之画；若徒然肖其景，而无意味，何云其能事也。"乃如彭泽诗，反覆不已，识其真趣者得之。余于此间多年，稍有津梁，惟识者鉴之。己酉深秋于芙蓉峰下，曳壤石道人。

（见《听帆楼书画记》续编）

清康熙十年辛亥（1671）题程正揆《山水图》轴。题云：

书家文，折钗股、屋漏痕、锥画沙、印印泥、飞鸟出林、惊蛇入草、银钩虿尾，同是一笔。与画家皴法，同一关纽，观者雷同，赏之是，安知老斫轮，有不传之妙耶。青溪翁曰：饶舌饶舌。辛亥正月，同友人观于幽栖之大歇堂，石道人识。

（见《虚斋名画录》卷十）

按：程正揆题曰：青溪道人画于沚园旧居。

清康熙十二年癸丑（1673）作《携琴听松图》轴。题云：

携琴就松风，涧之响者，皆自然之音正合类聚，悟而作此。石溪残道者。

（见《十百斋书画录》辛卷）

不纪年作品

作《山高水长图》轴。题云：

耸峻矗天表，浩翰周地轴。溪云起漠漠，松风吹谡谡。乐志于其间，徜徉岂受缚。两只青草鞋，几间黄茅屋。笑看树重重，爱兹峰六六。山高共水长，鹤舞与猿伏。可以立脚根，方此对山麓。余住黄山时，每四序之交，朝夕晴雨之变，各得奇幻之妙，令人难以摹想。此作山高水长图，盖常见天都山里处处峰插青天，泉挂虹霓，故有是作，主曲折细微之奥，岂笔墨所能尽也哉！曳壤石溪残道者。

（现藏台北“故宫博物院”）

按：此图有后记，与庚子冬十月廿日所作《浅绛山水图》诗句雷同，似为同年之作，后记颇有史料价值。

作《结社林泉图》轴。题云：

方驻吴门楫，俄逢盛□贤。□中谈异语，袖里出奇编。古书编编悟，新诗字字玄。相期□山水，结社隐林泉。双艇微微出，触雾巩江湄。雁叫霜天候，鸱鸣野屋时。淡烟迷断渚，残日上疏篱。菁菜肥□□，秋风也合宜。幽栖石道人。

（见《石溪画集》）

作《坐观云起图》轴。题云：

余半年未弄此，宾公将此归，留此纸强余浍之，卧起默缀如此，云中鸡犬，未审宾老能亦点头否？石道人。

（见《石溪画集》）

作《晴霞蓝天图》轴。题云：

年来学得巨公禅，草树湖山信手拈。最是一峰孤绝处，晴霞齐映蔚蓝天。牛首堂头石道人。

（见《虚斋书画录》卷十）

作《采樵图》轴。题云：

宝幢居士评海岳之笔如吹毛剑，挥之则万旦无人。南渡诸大家，皆当北面，于自留於此，未尝见其真迹，观宝幢居士所评，当不知何如妙也。嗟嗟，予以老病废去笔墨，若十年不观乐器，尚可坐画此道？邓先居士索我以不敬，致以丑态，真所谓惭惶杀人。石道人。

（见《中国画家丛书·弘仁　髡残》）

作《岩穴栖真图》轴。题云：

虽是山中好，难离宠辱宽。息心机景上，贪渠渐消磨。

石道人。

（见《石溪画集》封面）

作《茂林秋树图》卷。题云：

“茂林秋树图，石道人。”卷前有弘历题：“窅映林岚若无隙，望之实际具真空。上人固是多能者，可识不关能所中。丁亥春月御题。”钤“乾隆”连印。

（见《石溪画集》，著录于《石渠宝笈续编·重华宫》）

作《山水册》二页。题云：

一页：心闲无事凭灵槛，日对青山上白云。石溪道人。

二页：余住黄山时，辄多烟云变幻，后住摄山，虽风景之妙未若天都峰上，遂拟其大概以自游。白秃。

（见《石溪画集》，现藏日本京都泉屋博古馆）

作《云山烟雨图》册页。题云：

出牛首诸峰，回望之却是米老本色。石秃。

（见《石溪画集》）

作《奇石图》册页，全12页。

其中一页题云：我说我法，尔点尔头，玲珑一片，几历春秋。

（现藏日本桥本末吉处）

作《山水图》册，计八页。题云：

非耳目近视也。石溪道人。

登山无门，水深花开。

作《双松挺翠图》。题云：

从来泼墨是抛空，唾落成花默默中。堪笑时师涂抹手，□龛何处觅颠翁。牛首堂头石道人。

山居图

□花□隐。石溪。

秋高□话。石溪道人。

（见《石溪上人山水册》，神州国光社1923年出版）

作《山居图》册页。题云：

野性素所忻，青山无垢氛。落花一夜雨，幽树满川云。殷勤招白鹤，予亦离人群。石溪残道人。

（现藏金陵天渡楼）

附录（三）

髡残年谱

髡残，俗姓刘，名髡残，字介丘，号石溪，又号白秃、石道人、残道者、电住道人、曳壤残道人等。湖广武陵（今湖南省常德市）人，居江苏江宁（今南京），幼失恃，攻读经书，聪明过人，且酷爱书画和佛学。甲申间避兵桃源，过着艰险的生活。明崇祯十一年（1638）削发为僧。顺治十一年甲午（1654）后，常住南京大报恩寺修藏社，晚居祖堂幽栖寺。其性耿直，沉毅寡言，不喜世俗之叹誉。又曾历诸方参访，对禅学造诣深湛，颇得当时高僧觉浪、继起等人器重。与顾炎武、熊开元、钱谦益、程正揆等人有厚谊，和周亮工、龚贤、张怡等人亦有深交。多游名山大川，精绘山水，善用秃笔和干笔皴擦，境界奇辟，气韵浑厚，景物稠密，笔墨高古，自成一格，名垂海内。然而由清以来，各种史料记述甚少，对其编年研究，更属少有，今赖胡艺道长及诸师友之襄助。由于编撰仓促，必多谬误，伏祈不弃教之。

明万历四十年壬子　（1612）　一岁

髡残生于湖广之武陵（今湖南省常德市），时为四月初八。（见周亮工《赖古堂集》载《石溪大师六十僧腊，大师与佛同日降》一诗）

明天启元年辛酉　（1621）　十岁

师稍长自知前身是僧，出就外傅，窃喜读佛书。（见《髡残石溪小传》）

明崇祯三年庚午　（1630）　十九岁

《石溪小传》载："俗姓刘，幼有夙根，具奇慧，不读非道之书，不近女色，父母强婚弗从，乃弃举子业。"

张献忠起义军攻占米脂。

明崇祯四年辛未　（1631）　二十岁

廿岁削发为僧，参学诸方，皆器重之。（见《石溪小传》）

明崇祯十一年戊寅　（1638）　二十七岁

是年髡残游江南参学，遇一老僧，因请云栖大师遗像，拈香礼拜为师，取法名智杲。（见《石溪轶事》）

据《髡残石溪小传》载："崇祯戊寅，时年廿七矣。自念居家，难以脱离。一夕大哭不已，遂引刀自剃其头，血流被面，长跪父床前，谢不孝罪。父知其志坚，且业已剃，遂听从之。"

明崇祯十三年庚辰　（1640）　二十九岁

是年回湖南，居桃源与仙溪上，与龙先生研讨禅学。（见《髡残石溪小传》）

明崇祯十五年壬午　（1642）　三十一岁

李自成大破三边总督孙传庭于郏县。

明崇祯十六年癸未　（1643）　三十二岁

李自成破潼关，称奉天倡义营大将军，改襄阳为襄京，设官定爵。

张献忠攻破武陵、汉阳、武昌，称西王，设官，开科取士。

清兵破顺德至怀柔，清太宗卒，子福临嗣。

清顺治元年甲申　（明崇祯十七年，1644）　三十三岁

李自成攻陷北京，三月十九日明崇祯帝自缢而死。胸遗血诏，有“宁碎朕尸，毋伤我百姓”等语。

四月，清兵入京定甲申为顺治元年。

五月，福王朱由崧在南京即位，改元弘光。

十一月，清兵陷海州。

是年，髡残避兵武陵桃源山中，受尽艰险生活凡三月。

清顺治二年乙酉　（1645）　三十四岁

四月二十五日，清兵陷扬州，督师史可法死于难。

五月，清兵入南京，弘光帝被杀。后唐王于福州称隆武帝。

清顺治三年丙戌　（1646）　三十五岁

清兵入闽，杀唐王。后桂王于肇庆称永历帝。

清顺治七年庚寅　（1650）　三十九岁

明永历帝奔梧州。

清顺治九年壬辰　（1652）　四十一岁

明永历帝又奔安龙。

清顺治十一年甲午　（1654）　四十三岁

是岁，再来南京，“受衣钵于浪丈人，丈人深器之，以为其慧解处，莫能及也”（见《读画录》卷二）。驻锡南京城南大报恩寺。

钱澄之到南京看望方以智，时方以智与髡残为同门法师弟。

清顺治十二年乙未　（1655）　四十四岁

报恩寺修藏社主持松影上人因故去楚，时由髡残代领其事。（见《髡残石溪小传》）按：修藏社即校刊《大藏经》成立的。

乙未小至日，长干度岁，钱谦益偕介丘道人同榻。（见《牧斋有学集诗注》卷六《长干偕介丘道人守岁》一诗）诗云：

明灯麦岁守招提，去殿宫云入梦低。怖鸽有枝依佛影，惊乌无树傍禅栖。塔光雪色恒河象，天醒霜空午夜鸡。头白黄门熏宝级，香炉曾捧玉皇西。

是岁秋，髡残应约到苏州灵岩和继起禅师相晤谈禅。（见上海博物馆藏髡残《山水扇面》题记）按：继起原名理洪储，字继起，早年出家，明遗臣举兵，尝助之。

清顺治十三年丙申　（1656）　四十五岁

王潢具舟城西，邀顾炎武、熊开元、髡残等人小坐栅洪桥下。（见顾炎武《亭林诗集》卷二）

王潢于明亡后，隐遁不出，与张可仕、王亦临名流，结寻秋社。于予山阁，阁亦临所筑也。昆山顾炎武闻而访之，因泛舟栅洪桥，相对悲歌。（见《金陵通传·王潢传》）

清顺治十四年丁酉　（1657）　四十六岁

髡残作《赤林访友图》（见《明清山水名画选》）。

为元白作《山水图》轴（见《十百斋书画录》乙卷）。

作《奇峰幽境图》（现藏南京博物院）。

作《仿大痴山水》册（见《明清画家印鉴》）。

作《仿大痴山水图》轴（现藏上海博物馆）。

钱澄之到大报恩寺拜访髡残。

程正揆罢官回南京，居江宁之青溪，故号青溪道人，时与髡残相识。

长至日，钱谦益礼佛大报恩寺，偕髡残等道人，燃灯绕塔，乙夜放光，应愿欢喜。（见《牧斋先生年谱》及《牧斋有学集诗注》卷八）

是岁，腊月八日，钱谦益同介道人、孙鲁山、薛更生、黄舜力、盛伯含众居士作长干熏塔活动。（见《牧斋有学集诗注》卷八）

钱谦益示诗髡残。（见《示藏社介丘道人兼识乩神降语》，载《牧斋有学集诗注》卷八）

清顺治十五年戊戌　（1658）　四十七岁

是岁髡残到歙县、宣城、黄山游历。（见《美术史论》1988年第三期）

髡残于皋亭谒觉浪道盛禅师，愿为门下，改法名为大杲。（见《髡残石溪小传》）

清顺治十六年己亥　（1659）　四十八岁

髡残游黄山；作《寒江罢钓图》于芙蓉峰之借榻畔。（现藏台北张岳军处）

九月初七日，觉浪禅师圆寂，髡残自祖堂奔赴天界寺，觉浪遗命将其法偈及竹如意授于髡残，亦即将整个曹洞宗寿昌系托付给他主持。时髡残拜而藏之不启，后将法嗣归青原继承，他坚不接受。（见《髡残石溪小传》）

按：青原即江西青原山，是时住青原禅师为笑峰大然。（见《青原山志书》卷二《僧传·笑峰大然》）

清顺治十七年庚子　（1660年）　四十九岁

八月，髡残离黄山回到江宁。

作《苍翠凌天图》轴，纸本，设色。题云：

苍翠凌天半，松风晨夕吹。飞泉悬树杪，清磬彻山屋。屋古摩崖立，花明倚涧披。剥苔看断碣，追旧起余思。游迹千年在，风规百世期。幸从清课后，笔砚亦相宜。雾气隐朝晖，疏村入翠微。路随流水转，人自半天归。树古藤偏坠，秋深雨渐稀。坐来诸境了，心事托天机。时在庚子深秋石溪残道人记事。

（藏南京博物院）

八月，作《梅花图》赠伯右先生。题云：

山中忆寒道人梅，寒花疏蕊，堪与老僧玄对，因作此影，草道人得无有以报我乎。道人者今之伯右先生，是庚子秋八月挂担幽栖，石溪残道者合爪。

（见傅抱石《石涛上人年谱》）。

作《天都探胜图》，纸本，设色。题云：

尝与青溪读史论画，每晨夕登峰眺远，益得山灵真气象耳。每谓不读几卷书，不行几里路，皆眼目之见，安足论哉！亦如古德云，尔当亲授，得彼破了蒲团诀时，余归天都，写溪河之胜，林木茂翳，总非前辈所作之境界也耶！庚子秋八月五日。幽栖石溪残道者。

（藏香港刘作筹之虚白斋）

作《秋晴看山图》纸本，淡设色。题云：

秋日喜初晴，看山曳杖行。落花松径满，流水石桥平。岚气凉生阁，溪声晚度城。翻嫌朝市杂，此地最幽情。庚子仲夏，画于借云阁中。石道人。

作《天都探胜图》（藏香港刘作筹之虚白斋）。

作《云房舞鹤图》于借云阁中（藏日本京都泉屋博古馆）。

作《江上垂钓图》，时在“庚子修禊日於大歇堂下作此”（藏烟台市博物馆）。

作《谷口白云图》。题云：

……最喜白云寒断谷。

作《山水图》大幅赠伯右先生。（见《大涤子题画诗跋》卷四）

作《黄山道上图》（藏上海博物馆）。

作《地迥群山图》于大歇堂（藏香港霍宝材处）。

庚子冬，作《浅绛山水图》，纸本。题云：

笲峻矗天表，浩瀚帀地轴。溪云起淡淡，检风吹谡谡。乐志于其间，徜佯不受促。两只青草鞋，几间黄茆屋。笑看树重重，行到峰六六。可以立脚根，方此面山麓。庚子冬十月廿日作，幽栖残道者。

是岁冬，作《浅绛山水图》（《黄山图》）轴，浅绛大幅。题云：

我来黄岳已年余，登顿苦无缘壁技，掣笔寄食法海庵，一榻又我寄之寄。仰瞻嵯峨不敢攀，岩石突兀势若坠。他山一目尽能收，此山幽奇难思议。我今画得此山灵，却藏庵恻涧壑底。秋时愿策荒藤杖，布袜青鞋白云间。道人趺坐破蒲团，岁月无惊知几许。庚子冬日返栖霞山斋作此。

（藏南京文管会）

作《千岩万壑书画卷》，时在“庚子冬石道人”（藏苏州灵岩寺）。

作《黄山图》（见《考槃社支那名画选集》之三）。

作《林木重泉图》，设色，巨幅（见《历代流传书画作品编年表》）。

作《黄山探奇图》（见《历代流传书画作品编年表》）。

作《秋山钓艇图》（见《宋元明清书画家年表》）。

作《自写小照》册页（藏上海博物馆）。

清顺治十八年辛丑　（1661）　五十岁

四月，作《碧潭青嶂图》，纸本水墨。题云：

绿阴覆屋绕清流，曾道仙源花片浮。迳僻自然成岛屿，尘疏何必不瀛洲。碧潭竞跃游鱼乐，青嶂翩锈野鹭幽。即此山中淹岁月，山光云影两悠悠。辛丑四月朔日，过借云关中作。曳壤石溪残道人。

（见《十百斋书画录》丑集）

七月，过天龙古院作《山水图》轴（见《十百斋书画录》癸卷）。

八月，作《仙源图》轴于借云关中。题云：

仙源之外近丹山，一十五里清潭溪。绿波萦回浮锦麟，水芽地涕既潺浸。

（藏北京故宫博物院）

八月，为周亮工画《山水图》。题云：

东坡云：书画当以气韵胜人，不可有霸滞之气，有则落流俗之司，安可论画。今栎园居士，为当代第一流人物，乃赏鉴之大方家。常嘱残衲作画，余不敢以能事对，强之再，遂伸毫濡墨作此，自顾位置稍觉安稳，而居士亦抚掌称快，此余之厚幸也何似。石道人，时辛丑八月，在佛堂关中清事。

（见《三秋阁书画录》卷上）

八月，作《山水图》横幅。题云：

城市厌烦燠，江山玩清晓。盥濯临石湖，吟啸望云巘。范公游集地，登陟尘情遣。棲棲靡遗构，郁郁犹荒苑。仙人王子晋，抱道云舒卷。凤吹翔河汾，鹤巢来栖偃。凉风生短槛，溪水清涴涴。何当临此际，忘年从嵇阮。生与砚为邻，惟知椿颖珍。饥鸢听吟啸，那用忧空困。天矫钟王迹，遒然骨肉匀。澄怀渣滓，时时见天真。辛丑八月一日，坐大歇堂作此。曳壤石溪残道人。

（见《梦园书画录》卷十七）

九月，作《黄峰千仞图》于天阙山房（藏广东省博物馆）。

作《禅机画趣图》，纸本，墨笔（见《中国古代书画目录》第二册）。

作《山水轴》，纸本，设色（见《中国古代书画目录》第一册）。

冬日，逸翁来山中探髡残病，赠以参药，髡残画《松崖茅屋图》轴，作为奉谢。

作《墨笔山水图》轴，《山水册》十页，《群山烟雾图》轴（见《历代流传书画作品编年表》）。

作《天都峰图》轴（藏北京故宫博物院）。

是岁，永历帝朱由榔在昆明被杀，南明亡。

清康熙元年壬寅 （1662） 五十一岁

三月，作《浅绛山水》轴，纸本，浅绛。题云：

云蒸泽未知，隐见独多姿。浮气须曳变，群峰幻出奇。云云四句。壬寅三月，坐祖堂之来青阁，幽栖电住残道人。

（藏日本京都相国寺，载《日本现在支那名画目录》）

四月，作《罗汉图》轴，纸本，设色。题云：

世界婆娑、安居是他。问我来甚，不说云何。处上视下，身寄高柯。栖息无虑，乃在鸟窠。人说我险，我说你魔。参空一切，贝叶经多。听我说偈，沙数恒河。三洲无量，即是弥陀。壬寅浴佛日。曳壤石溪残道人，作于供佛关中。

（见《古缘萃录》卷六）

六月，作《山水册》，纸本，计六册。题云：

余半年未弄此，樵者归，留此册，强余涂之，卧起点缀如此，云中鸡犬，樵者能亦点头否？……

（见《笔啸轩书画录》卷下）

中秋前，作《山水图》巨幅，纸本，淡色。题云：

茅茨门何向，荒苔迳亦斜。扶筇人过舍，曲沼水穿沙。旧种娟娟竹，新开冉冉花。幸来居此地，此地绝无哗。位置诚何意，巑岏拥若图。望中拔地险，削处入云孤。近户岚光合，遥峰秀色殊。移山将有托，未可笑吾愚。壬寅中秋前，作于天阙山房。曳壤石溪残道者。

（藏北京故宫博物院，见《书画鉴影》卷二十四）

九月，作《山水图》轴，纸本，墨笔（见《梦园书画录》卷十七）。

为寒道人作《山水》扇（藏浙江省博物馆）。

秋杪，作《山水图》轴，纸本，设色，画于幽栖（见《大风堂书画录》）。

小春，作《在山画山图》轴，纸本，淡色（见《宝迂阁书画录》卷二）。

作《深山幽栖图》轴（见日本《考槃社支那名画选集》之一）。

作《溪山钓艇图》轴（见《历代流传书画作品编年表》）。

是岁，髡残离开大报恩寺，迁居到祖堂幽栖寺。

清康熙二年癸卯 （1663） 五十二岁

三月，为东田作《溪山闲钓图》横幅，纸本，浅绛（图藏上海博物馆，见《书画鉴影》卷二十四，及日本《中国名画目录》）。

八月，作《雨洗山根图》于天龙古院（藏北京故宫博物院）。

九月，作《岚气朝晖图》轴于天阙山房（藏日本大阪市立美术馆）。

作《层峦叠壑图》轴，纸本，设色。题云：

层岩与叠壑，云深万木稠。惊泉飞岭外，猿鹤静无俦。中有幽人居，傍溪而临流。日夕谈佳话，愿随鹿豕游。大江天一线，来往贯人舟。何如道人意，无欲自优游。癸卯秋九月，过幽闲精舍写此，以志其怀云。天壤石溪残道者。

（见《大风堂书画录》、《虚斋名画录》卷十）

十月，作《苍山结茅图》轴于天龙古院。题云：

卓荦伊人兴无数，结茅当在苍山路。山色依然襟带间，山容已入云囊住。天台仙鼎自云封，仙骨如君定可从。玄猿夜啸清溪曲，白鹤时依槛外松。曳壤石溪残道者。作于天龙古院，时癸卯十月一日也。

（藏上海博物馆）

十月，作《山水图》，纸本，墨笔（见《曝画纪余》卷五）。

十月，与程正揆合作《双溪怡照图》，纸本，浅设色。程正揆题云：

石溪师息余斋，偶展玩叔明《具区林屋图》，余遂用其意作此幅，未及成，忘置之。师得于座壁间，乃为结构，竟是点铁，大奇大奇，因题其图于端，并识之。青溪道人。

（见《十百斋书画录》乙卷）

冬月，为彝翁六十初度作《山水图》轴于幽栖山中。

十二月，作《寒林待客图》轴（藏吉林省博物馆）。

是岁，作《青峰凌霄图》轴（藏上海博物馆）。

作《重山叠嶂图》轴，纸本，墨笔（见《中国古代书画目录》二册）。

作《仿王蒙山水图》，纸本，设色（见《中国古代书画目录》一册）。

作《卧游图》卷，纸本，墨笔（见《中国古代书画目录》二册）。

作《紫芝山房图》轴（见《清朝书画谱》）。

作《云里茅屋图》轴（见《宋元明清书画家年表》及《南画大成》续四）。

作《六六峰图》轴于牛首之白云檐下（藏美国纳尔逊艺术博物馆）。

作《拟山樵二图笔意山水图》轴及《为袁居士作设色山水图》轴（见《历代流传书画作品编年表》）。

作《报恩寺图》轴。题云：

石秃曰佛不是闲汉，乃至菩萨、圣帝、明王、老、庄、孔子，亦不是闲汉，世间只因闲汉太多，以致家不治，国不治，丛林不洽。易曰：天行健，君子以自强不息……

（现藏日本京都泉屋博古馆）

清康熙三年甲辰 （1664） 五十三岁

仲春，作《云洞流泉图》轴于祖堂，纸本，设色（藏北京故宫博物院）。

作《悬崖飞瀑图》轴（见《宋元明清书画家年表》）。

是岁，临川令胡致堂钦慕八大山人之名，延之官舍，八大山人遂往临川。

钱谦益是年卒，享年八十三岁。

清康熙四年乙巳 （1665） 五十四岁

三月，作《云树苍茫图》扇面（见《十百斋书画录》亥集）。

作《达摩面壁图卷》（藏日本泉屋博古馆）。

初秋，作《山水》扇面（藏上海博物馆）。

清康熙五年丙午 （1666） 五十五岁

夏日，为绳其居士作《书画卷》（藏上海博物馆）。

八月，作《秋高气爽图》轴。

深秋，为程正揆作《黄山图》四幅。其最后一幅题云：

丙午深秋，青溪大居士枉驾山中，留榻经旬，静谈禅旨及六法之微。论画精髓者，必多览书史，登山穷源，方能造意……余向尝宿黄山，见朝夕云烟幻景，林木翳然，非人世也。居士遂出端本堂纸四幅，随意属图，聊记风味耳。居士当喝棒教我。

（藏英国大英博物馆）

作《溪山无尽图》卷于牛首山房。题云：

大凡天地生人宜清勤自持，不可懒惰，若当得一个懒字便是懒汉，终无用处。如出家人若懒，则佛相不得庄严，而千家不能一钵也。神三教同是。残衲时住牛首山房，朝夕焚诵，稍余一刻，必登山选胜；一有所得，随笔作山水画数（幅），或字一两段，总之，不放闲过。所谓静生动，动必作出一番事业，端教作一个人立于天地间无愧。若忽忽不知，惰而不觉，何异于草木。适野所道兄访余禅居，喜余狂论，嘱书一过，并前图溪山无尽卷以归之。曳壤石溪残道人合爪。

作《黄山图》册（见《南画大成》续四）。

是岁，清军攻台湾失败。

清康熙六年丁未　（1667）　五十六岁

重九前三日，作《松岩楼阁图》轴于幽栖大歇堂（藏南京博物院）。

作《山水图》卷（见《南画大成》续四）。

作《绿阴黄鸟诗意图》轴（见《历代流传书画作品编年表》）。

是岁，石涛作《十六阿罗应真图》卷（见《石涛上人年谱》）。

康熙七年戊申　（1668）　五十七岁

春日，为周亮工作《山水图》轴（见《历代流传书画作品编年表》）。

为程正揆作《山水图》轴，纸本，设色。题云：

栎园翁文章诗画之宗匠也。尝其所作，如穷山海，不能尽其寥廓。坡老去：神与万物交智，与百工通者耳。每欲作山水为晤对，思其人早以塞却悟门，吾乡青溪，藏有黄鹤山樵《紫芝山房图》，自谓辋川洪谷。今紫芝同青溪归楚矣，梦寐犹在。戊申梅雨中仿佛其意，呈似翁棒喝之使，余又得痛快于笔墨之外矣，何如，何如？幽栖石道人残。

（见《穰梨馆书画录》卷三十六）

秋日，回故乡湖南武陵埋葬已去世的双亲。由于故乡在当时“三楚皆中兵，湖南地更苦。昔日桃花源，如今尽豺虎。师有二亲丧，藁葬于浅土。未免虫水患，闻之泪如雨。今秋归故园，兆宅迁林坞。城荒难久留，仍栖此岩户”，城荒难久留，故又匆匆回到南京。

（见《盦山续集》卷一《送石溪师还武陵兼寄刘山臞先生》诗）

旅行武昌，作《溪阁读书图》扇面，赠别王岱（藏北京故宫博物院，另见《宋元明清书画家年表》）。

康熙八年己酉　（1669）　五十八岁

六月，作《溪桥策杖图》赠司空青溪。题云：

拙画虽不及古人，亦不必古人可也。每作以自娱，亦不愿示人，近所好者多耳。识雷同赏之，如学语之徒，语虽毫与个事转远，虽司空青溪一见，便知精粗耳。无己道者，虽不强作解事，所爱是其本色，因以赠之。己酉夏六月，电住道人。

（见《中国历代绘画目录》）

作《山水图》轴于芙蓉峰下（见《历代流传书画作品编年表》）。

作《彭泽诗意图》轴，尾识“己酉深秋于芙蓉峰下，曳壤石道人”。

是岁，石涛于新安紫阳书院作《金竺朝霞图》轴（藏天津艺术博物馆）。

清康熙九年庚戌　（1670）　五十九岁

仲春，山足禅师兴斧。承药地（方以智）师命，监浮山华严院事。

按山足兴斧曾是髡残门下的法徒，后来转依于方以智门下（见《浮山志》卷三）。

作《北窗绿阴图》（见《宋元明清书画家年表》）。

作《绿树听鹂图》轴。题云：

开眼见新绿黄鸟，忽动笔墨之兴……

作《山水图》册。

题一：画者，吾之天游也，志不能寂，需之残煤短楮之间……

题二：十年烽火十年病，消尽平生种种心，老去不能忘故物，云山犹向书中寻。

（藏上海博物馆）

是岁，致函郭都贤中丞。函云：

忆与翁十余年前，朝风夕雨，嘴苦分甘，最后为吴越行脚。一分手去，又十年矣。掀髯吟哦，握手俯仰，才一瞑目，即现在前，山河大地，何曾间隔，近传翁为直头陀矣。世间都为俗情限隔，分僧分俗，若能出一头，着眼妻子儿女，法侣也。良友知己，法护也。以法印心，以戒制行，以慈祥接世，观一切好恶境缘，如幻如梦，则容膝之所，衽席之间，大佛国也。舍此他求，则心外生心矣。翁意亦谓然否？石秃数年，借牛头一坐具，今年祖龙一炬，佛书经相，衣具器物，化为灰烬，依旧是昔时一丝也。无底人，六近六十，天壤孤独，又加以病苦，可谓至矣。造化善，能矢上加尖、若非胸中有人，百炼丹头，几化异物去矣。担雪老人之便，匆匆附此，以达近怀。

清康熙十年辛亥　（1671）　六十岁

正月，为程正揆所作《山水图》轴，题记于幽栖之大歇堂，画系纸本，水墨。石溪题云：

书家文，折钗股，屋漏痕、锥画沙、印印泥，飞鸟出林，惊蛇入草，银钩虿尾，同是一笔。与画家皴法，同一关纽，观者雷同，赏之是，安知老斫轮，有不传之妙耶。青溪翁曰：饶舌饶舌。辛亥正月，同友人观于幽栖之大歇堂石道人识。

（见《虚斋名画录》卷十，图藏北京故宫博物院）

周亮工为其作《石溪大师六十僧腊与佛同日降》诗。诗云：

惟吾独尊耳，佛生共一天。乘风欲离世，与雨互参禅。伏腊应无量，儿孙谁及肩。休轻下毒棒，易得到公前。

（见《赖古堂集》卷六）

清康熙十一年壬子　（1672）　六十一岁

辛亥、壬子两年，已不见髡残画迹。

清康熙十二年癸丑　（1673）　六十二岁

程正揆为其《山水图》题《携琴听松图》。石溪原题云：

携琴就松风，涧之响者，皆自然之音正合类聚，悟而作此。石溪残道者。

髡残弟子山足兴斧受方丈，请修《浮山志》。

农历八月，髡残病逝于祖堂幽栖寺。（见杨新《石溪卒年再考》和汪世清《〈辞海〉人物生卒补正》）。

临终遗言："焚骨为灰，投入燕子矶下的长江里。"（见《石溪遗事》）

卒后，"师殁十余年，有瞽僧亲至燕子矶，募工升绝壁，刻'石溪禅师沉骨处'数大字于上"（见钱澄之《髡残石溪小传》）。

附录（四）参考书目

《画鉴》
《梦园书画录》
《蕙榜杂记》
《听帆楼书画记》续编
《中国古代书画目录》
《宝迂阁书画录》
《虚斋名画录》
《历代流传书画作品编年表》
《日本现在支那名画目录》
《古缘萃录》
《宋元明清书画家年表》
《书画鉴影》
《十百斋书画录》
《大风堂书画录》
《三秋阁书画录》
《曝画纪余》
《清朝书画谱》

《中国历代绘画总目录》
《穰梨馆过眼录》
《图绘宝鉴》
《书史会要》
《弇山续集》
《中国绘画史图录》
《石溪轶事》
《浮山志》
《沅湘耆旧集》
《天延阁后集》
《名山游访记》
《爽籁馆欣赏》
《南田画跋》
《辍耕录》
《清閟阁集》
《元代画家史料》
《中国名画集》
《释石溪事迹汇编》
《朵云》一九八一年二期、一九八八年一期、季刊十五期
《中国画家丛书·弘仁 髡残》
《中国画家丛书·程正揆》
《论黄山诸画派文集》
《夷白斋稿》
《清河书画舫》
《读画录》
《亭林诗集》等

跋

“明清中国画大师研究丛书”历经两年的策划与撰写终于出版问世了。

从整个中国绘画的发展历史来说，明清绘画无疑占有重要的地位。但如何历史、全面地评价这一时期绘画的文化品位和艺术成就，长久以来无论是在美术史论家还是画坛人士中间都不尽相同或多有歧义。从把它划为中国绘画中的“文学化时期”到贬为“沉滞时期”；从把它尊为文人画的“鼎盛时期”到抑为传统绘画的“衰微时期”乃至“末流之弊”，不同的观点和说法大相径庭。出现上述现象有种种因素，其中对明清画家、画派专题研究的不足，恐怕也是一个重要原因。明清画家、画派在中国绘画史上的作用和影响是显而易见的，无论就其山水花鸟画的特色、水墨写意的盛行，还是文人画的地位、笔墨情趣的意境，都在绘画史上留下一席之地。

就具体的画家来说，明清众多的画坛人物作为一定历史时期的艺术群体，既有共同的艺术风格和美学特征，又有不同的自我追求和独特的品位。就“丛书”研究的十六位大师来看，这里既有以吴门画派所追求的气韵神采、风流倜傥、秀丽纤细为特色的画家，也有以个人独特艺术风格享誉画坛的才子；既有在绘画上追求简练、突兀、奇特、刚健等不同绘画特色的人物，也有抒发强烈个人审美感受的画家。对各个大师的研究一向对探讨绘画艺术史的发展规律有不可替代的意义，这是由于一部绘画史，归根结底无非是由众多画家及其作品构成的，而真正的艺术家又都是以独创性、卓尔不群的艺术风格在画坛上占有一席之地。对十六位大师进行专题性研究，虽然不能反映明清画坛的全貌，但对明清时代文化背景、艺术氛围、美术思潮乃至表现技法、绘画特色、师承关系等都会有更深的认识。因而，对每一位画家进行翔实、具体的进行研究，无疑使明清绘画史论探索得到进一步的开拓和深入。

当然，明清画坛流派林立，画家众多，对十六位中国画大师的研究还是远远不够的，尚未涉及的画派和画家还有很多。为此，四川美术出版社在此基础上将要推出“中国画派研究丛书”。我们相信，明清画家、画派的专题研究对中国美术史论的建设、对我国当代美术创作、对扩大对外文化交流，都将是一项有益的事业。

刘丛星

髡残图片赏析

春山知音图

秋晖蒙钓矶

幽居图

苍山结茅图

清辉满江

白云隐者图

秋山晴岚图

山水册

人物图页